Begegnungen
zwischen Himmel und Erde

Andachten für Männer

von
Günter Kusch
und
Sebastian Balcerowski

Amt für Gemeindedienst
in der
Evang.-Luth. Kirche
in Bayern

Impressum

Begegnungen zwischen Himmel und Erde
Andachten für Männer

ISBN 978-3-00-046875-9

Art.Nr. 400900

Herausgeber	Amt für Gemeindedienst afg Männerarbeit Sperberstraße 70 90461 Nürnberg
Verfasser	Günter Kusch und Sebastian Balcerowski
Satz und Layout	Herbert Kirchmeyer, Amt für Gemeindedienst
Titelbild	Albrecht E. Arnold / pixelio.de
Druck	Druckerei Emmy Riedel, Gunzenhausen
Auflage	800

Zwischen Himmel und Erde

► Als ein Rabbi gefragt wurde, welcher Weg zu Gott führen könne, antwortete er: „Es geht nicht darum, ob dieser oder jener Weg zu Gott führt. Es geht darum, dass du alle deine Wege so gehst, dass sie Dich zu Gott führen." Der Weg gilt als Urbild des Glaubens. Schon das Volk Israel war auf dem Weg ins verheißene Land. Jesus sagt von sich selbst: „Ich bin der Weg, die Wahrheit und das Leben" (Johannes 14,6). Doch wie dieser Weg genau aussieht, das ist von Mensch zu Mensch, und auch im Blick auf Männer und Frauen, verschieden.

Dieses Andachtsbuch will Anregungen geben für mögliche Wege der Besinnung. Man kann diese spirituellen Schritte gehen in Männergruppen oder bei Pilgerwanderungen, aber auch bei allen anderen, ganz persönlichen Unterbrechungen des Alltags. Die Texte und Gedanken sollen Begegnungen zwischen Himmel und Erde ermöglichen.

Der Titel passt ganz gut, wenn man über männliche Spiritualität nachdenkt. Männer sind gerne in der Natur unterwegs, gehen mitunter an ihre Grenzen und suchen nach religiösen Gipfelerlebnissen. Wird Spiritualität als Suche nach der eigenen Lebendigkeit verstanden, sind Männer sehr interessiert, sich auf diese Suchbewegung und auf neue Erfahrungsräume einzulassen. Unser Andachtsbuch eröffnet solche Räume, erschließt lebendige Quellen und bringt Männer in Berührung mit ihrer inneren, aber auch mit der Geist-vollen Kraft Gottes.

Wichtig ist den Autoren dabei, dass Alltag und Glaube nicht auseinanderdriften, sondern eine enge Verbindung eingehen. Probleme und Konflikte, aber auch der Dank über Glücksmomente und echte Erfüllung werden nicht ausgeklammert. Die „Alltagstauglichkeit" ist ein wichtiges Kriterium für die Wege, die zu Gott führen.

In diesem Sinne wünsche ich Ihnen beim Lesen spirituelle Impulse mit Tiefgang und meditative Auszeiten, um die Antennen neu ausrichten zu können für manch unerwartete göttliche Begegnung zwischen Himmel und Erde.

Ihr Günter Kusch

Einführung

Andachtsformen

Andachten mit Bild

Warum Andacht halten?

► „Religion ist Frauensache", so hieß es über Jahrzehnte hinweg. Aber das stimmt nicht. Männer sind Glaubensfragen gegenüber aufgeschlossen, suchen nach Sinn für ihr Leben, wählen aber mitunter andere Formen und Praktiken von Spiritualität. Dies zeigen nicht nur unterschiedliche Studien wie „Was Männern Sinn gibt" von 2005 oder „Männer in Bewegung" von 2008, sondern auch Autoren wie Markus Hofer in seinem Buch „Männer glauben anders".

Die Männerforschung zeigt, dass die Nachfrage nach spirituellen Impulsen und Andachtsmaterial groß ist. Immer wieder suchen Männer-Runden nach Anregungen für die Arbeit vor Ort.

Unser Andachts-Buch knüpft an diese religiösen Bedürfnisse an und möchte „Begegnungen zwischen Himmel und Erde" anbahnen. Konkret: Es enthält Andachten von Männern für Männer. Es kann die eigene Männerarbeit geistlich begleiten oder auch für die eigene Besinnung am Arbeitsplatz oder zu Hause beitragen.

Doch bevor Mann sich besinnt, soll zunächst eine Antwort auf die Frage gegeben werden, was eine Andacht ist: Wie ist sie aufgebaut und welche Formen gibt es?

Geländer für den Glauben

Einfach formuliert könnte man sagen, eine Andacht ist der kleine Bruder des Gottesdienstes. Sie ist eine Momentaufnahme meines Lebens und nimmt das ‚Jetzt' in den Blick. Die Andacht ist ein Anhaltspunkt, der Gott andenkt. So gibt es Abendandachten, die die einbrechende Nacht einbeziehen oder eine Besinnung für unterwegs, bei der die Natur eine symbolische Bedeutung erlangt.

Eine Andacht kann aber auch ein stiller Moment sein, eine Art Wimpernschlag für mich selbst. Ein Augenblick, in dem ich mich etwa bei Kerzenschein auf Gott besinne oder beim Hochfahren des Computers innehalte.

Der Brockhaus schreibt: Eine Andacht ist das „innere Gesammeltsein zur Aufnahme heiliger oder erhabener Inhalte, die als Symbol erlebt werden." Eine Definition, die sich durch die Begriffsgeschichte stützen lässt: Das Wort „Andacht" kommt nämlich vom mittelhochdeutschen „andäht", das so viel bedeutet wie „sich sammeln auf Gott hin".

Was in der Andacht vorkommt

Die Gegenstände der Andacht sind vielfältig: Wer wandern geht, betrachtet in der Natur Symbole wie Wurzeln, Brücken, Bäche oder Blätter. Wer sich in einer Kapelle, in einem Gemeindezentrum oder bei einer Männer-Runde befindet, kann biblische Texte diskutieren oder Bilder betrachten. Darüber hinaus gibt es Andachten zu Geschichten aus der Bibel, zu besinnlichen Gedichten und lebensphilosophischen Sprüchen, aber auch zu ermutigenden Liedern.

Dieses Andachtsbuch denkt den Menschen in seiner Ganzheit: Das Leben in Bezug auf das Selbst, in Bezug auf andere und in Bezug auf Gott. Das Doppelgebot der Liebe „Du sollst deinen Nächsten lieben wie dich selbst“ und „Du sollst Gott lieben.“ (Markus 12,29ff.) fasst die gelebte Andacht zusammen.

In der Andacht empfange ich Gottes Kraft, so wie sie sich im brennenden Dornbusch für Mose zeigte oder im Säuseln des Windes für den Propheten Elias zärtlich sichtbar wurde. Die Andacht wirft mit ihren Elementen singen, beten, Gottes Wort hören und gesegnet werden die Sinnfrage auf. Die Andacht gibt Männern Kraft - für ihre Aufgaben als Väter, als Arbeitende, aber auch als Männer, die sich eine Auszeit nehmen dürfen.

Foto: Kusch

Andacht halten, die Gegenwart Gottes erspüren, damit der Himmel sich öffnet. Was sind meine Quellen? Wo bin ich verwurzelt?

Tauchgang zu mehr Tiefe

Dieses Buch beschreitet Wege der Spiritualität, man könnte auch sagen: erste Tauchgänge zu mehr Tiefe im Leben. Im ersten Kapitel finden Sie eine komplette Andacht von der Begrüßung bis zum Segen.

Im zweiten Kapitel entdecken Sie Texte zu Themen wie Weihnachten, Tod und Ostern. Sie orientieren sich an einem Bibelvers oder einem Bild, beides kann auch einzeln zur Andacht werden.

Einige Textbausteine hält das dritte Kapitel bereit. Hier finden Sie Segenssprüche, Gebete oder Gedanken aus der Praxis. Genauso wie die Bilder, können diese Texte als austauschbare Stücke in Ihrer Andacht vorkommen.

Am Schluss bleibt nur noch eines: Wir wünschen Ihnen mit diesem Andachtsbuch gute Erfahrungen mit Gott. Nutzen Sie es für sich oder halten Sie einfach einmal eine Andacht beim nächsten Männertreff.

Sebastian Balcerowski und Günter Kusch

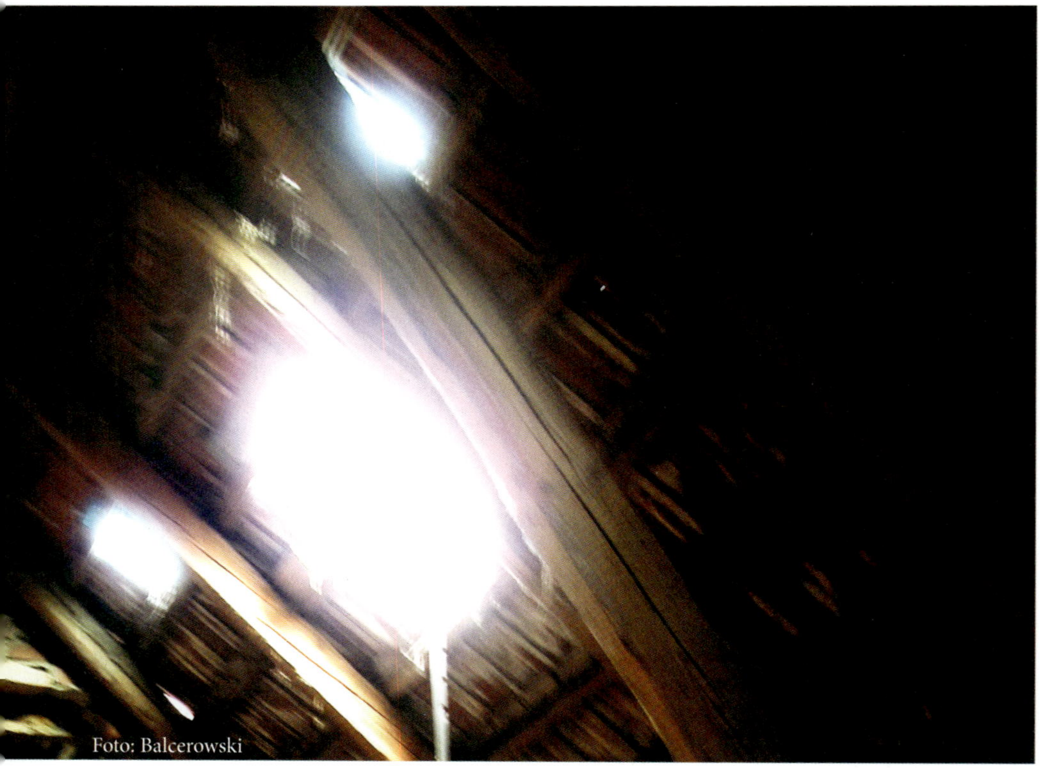
Foto: Balcerowski

Andachten können Fenster zu Gott öffnen.

Lied, Text oder Bild?

► Wenn man eine Andacht hält, hat man oft ein Medium, um einen Gedanken zu vermitteln. Ein Bild regt die Phantasie an, ein Musikstück lässt uns träumen oder ein Bibeltext wird im Gespräch geteilt und regt zur Diskussion an. Eine Andacht im weiteren Sinne kann eine kleine Gottesdienstform sein, wie sie in der Einleitung beschrieben ist. Eine Andacht im engeren Sinn ist aber auch eine Ansprache bzw. Kurzpredigt. Es bieten sich folgende Medien für eine Andacht an:

Bibeltext: Lesen Sie die Tageslosung, den Monatsspruch oder das Jahresthema für die Männerarbeit.

Thematische Andacht: Ein kurzer Zeitungsartikel über aktuelle Fragen, über Gerechtigkeit und Frieden kann zum Impuls für eine Andacht werden. Auch ein Text von Bonhoeffer oder Gedanken zum Kirchenjahreskreis können thematisiert werden.

Liturgische Andacht: Sie hat eine relativ feste Form. Beispiele sind im evangelischen Gesangbuch ab Seite 1211 zu finden.

Bild-Betrachtung: Symbole in der Natur wie Wurzeln, Flüsse und Brücken drücken eine Glaubenswirklichkeit aus. Fotos, Zeichnungen, Cartoons oder Bilder von Kunstwerken können die Vorstellungskraft wecken.

Taizé-Andacht: Sie lebt vor allem von mehrstimmigen oder im Kanon gesungenen Lobpreisliedern, die oft wiederholt werden.

Eine Andacht besitzt wiederkehrende, liturgische Elemente, die für den Adressaten zu einer Art Geländer für den Glauben werden können:

gemeinsam singen und beten
gottes Wort hören
sich darüber austauschen
den Glauben bekennen
den Segen empfangen

Teilnehmer, Ort und Anlass

► Eine Andacht, die ich nicht für mich selbst gestalte, hat ein Publikum. Neben den Bestandteilen und der Form der Andacht sind die anwesenden Gäste maßgeblich.

Man sollte sich als Leiter der Andacht fragen: Wie nahe stehe ich zu den Teilnehmern? Sieze oder duze ich sie? Sind die Menschen vielleicht älter, so dass sie mich nur mit Mikrofon hören können? Wie beteilige ich die Teilnehmer? Denn Männer wollen gerne mitdenken, -diskutieren oder -gestalten.

Neben dem Publikum spielt der Ort eine wichtige Rolle: Wie viele Menschen sind im Raum verteilt? Wo platziere ich mich als Andachtsleiter? Welche Medien und technischen Geräte brauche ich?

Eine Andacht kann vom aktuellen Zeitgeschehen geprägt sein. Wir fragen: Welche Ereignisse bewegen uns? Welche Themen liegen uns auf dem Herzen? Worüber müssen wir sprechen? Welches Buch, welches Lied oder welches Theaterstück ist gerade aktuell?

Wer eine Andacht vorbereitet, überlegt sich, welche Elemente und Formen mit einfließen. Sollen die Besucher gesegnet werden? Gibt es ein freies Gebet? Wie illustriere ich meine Gedanken? Welches Symbol passt zur gewählten Bibelstelle? Neben diesen Elementen bzw. Handlungen kann eine Andacht einen besonderen Anlass haben: Die Feste im Kirchenjahr, aber auch Jubiläen können in den Mittelpunkt einer Andacht rücken.

Zuletzt überlege ich mir, welche Aussagen oder Bilder die Teilnehmer mit nach Hause nehmen sollen. Welche Schritte können sie gehen? Welche Schlüsse ziehe ich aus den Texten der Bibel? Ein kleines Symbol zum Mitnehmen hält die Erinnerung an die Andacht wach: Ein kleiner Engel, ein Salzfass („Ihr seid das Salz der Erde"), ein Duftöl oder Ähnliches.

Gott lädt zur Andacht ein

Auch wenn eine Andacht gut vorbereitet werden sollte, gilt: Es ist Gott, der uns einlädt. Er schenkt uns in der Andacht seine Nähe. Ich kann Gott um Geduld, Kraft, Aufmerksamkeit und das rechte Wort zur rechten Zeit bitten. Es stimmt letztlich, was Martin Luther im Kleinen Katechismus schreibt: Der Glaube wird allein vom Heiligen Geist bewirkt. Es liegt nicht nur an uns, dass sich in unseren Andachten ein klein wenig der Himmel öffnet.

Sebastian Balcerowski

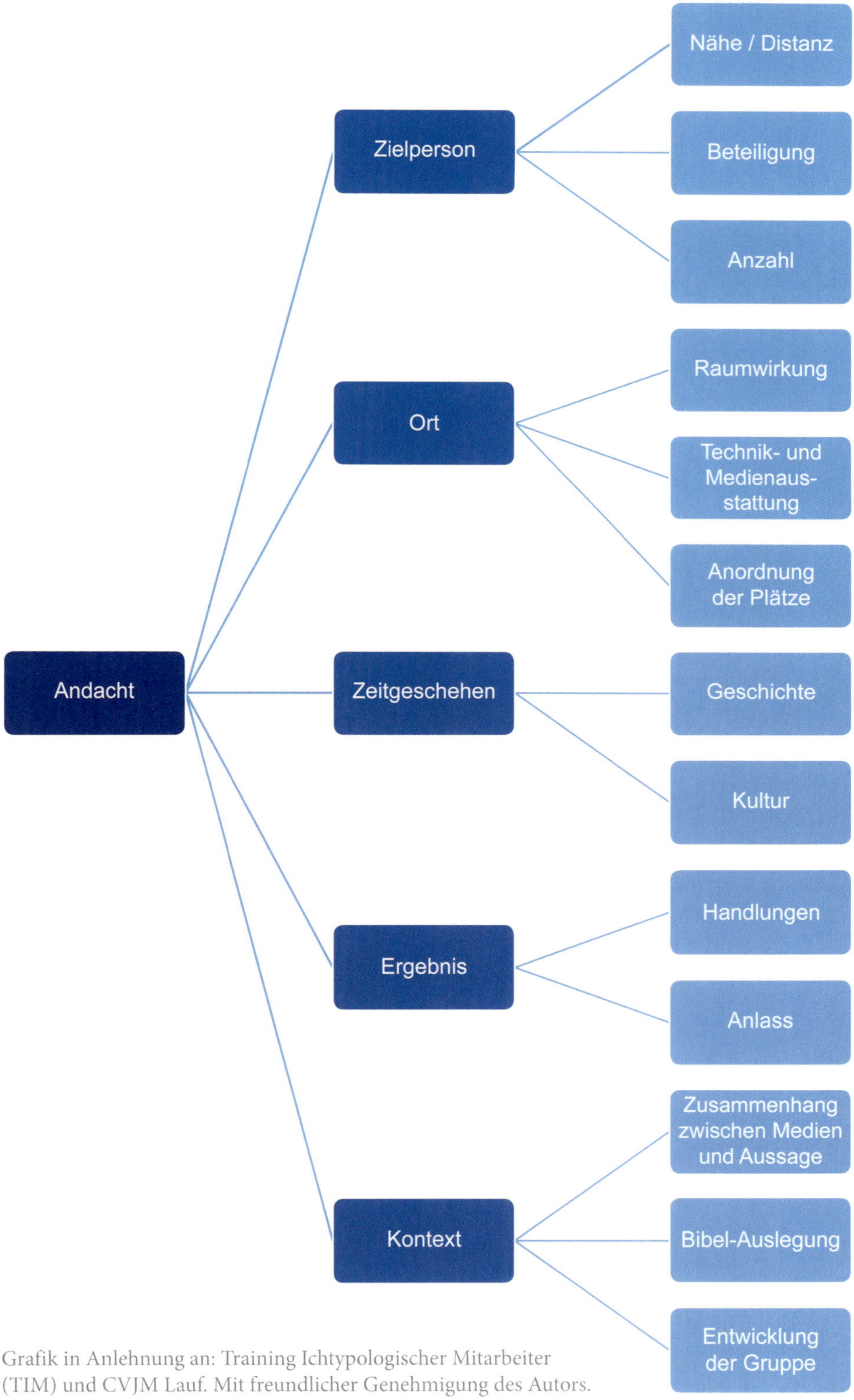

Grafik in Anlehnung an: Training Ichtypologischer Mitarbeiter (TIM) und CVJM Lauf. Mit freundlicher Genehmigung des Autors.

Bibelteilen bedeutet, sich Gottes Wort im Gespräch mitzuteilen.

Bibelteilen in sieben Schritten

1. Begrüßen – bei Jesus Platz nehmen: wir machen uns bewusst, dass wir in der Nähe Jesu leben. Ein freies Gebet kann auch das zum Ausdruck bringen - oder ein Friedensgruß.

2. Gottes Wort hören: wir schlagen in der Heiligen Schrift eine vorbereitete Stelle auf. Eine Person liest den Text – langsam und deutlich.

3. Beim Text verweilen – verborgene Schätze heben: jeder liest den Text noch einmal für sich in der Stille. Wir suchen nach Wörtern oder kurzen Sätzen, die uns aufhorchen lassen. Diese Wörter oder Sätze lesen wir laut vor und sagen, an welcher Stelle bzw. in welchem Vers sie stehen. Danach ist Zeit, kurz still zu sein. Zum Abschluss kann jemand noch einmal den gesamten Text lesen.

4. Schweigen – um Gottes Gegenwart zu erfahren: Drei Minuten lang gibt die Stille den Ton an. Wir lassen uns von Gott ansprechen: Was will mir Gott durch diesen biblischen Text sagen? Wo spricht er mich an und wo widerspricht er mir vielleicht …

5. Sich mitteilen – gemeinsam Gott begegnen: wir tauschen uns darüber aus, was uns im Herzen berührt. Welches Wort hat mich angesprochen oder bewegt? Wo spüre ich Zuspruch oder Widerspruch? Was möchte ich den Anderen gerne mitteilen?

6. Handeln – sich von Gottes Wort bewegen lassen: wir sprechen über eine Aufgabe, die sich uns eröffnet hat und der wir uns stellen wollen. Was ist für mich dran? Welche Schritte will ich gehen? Wo ist Umkehr und Veränderung gefragt? Wer tut was, mit wem, bis wann?

7. Das Leben ins Gebet nehmen – mit Gott sprechen: wir beten miteinander in freier Form. Wer möchte, kann einen Dank, eine Bitte oder Frage formulieren und vor Gott aussprechen. Es ist auch möglich, dass jemand die Anregungen und Äußerungen der Gruppe in einem Gebet zusammenfasst. Wir schließen mit einem Vaterunser, einem Lied und einem Segenswort.

Foto: Denys Kurbatov / 123rf

Jeder Finger lenkt die Aufmerksamkeit auf einen Aspekt des Bibeltextes.

Fünf-Finger-Methode

1. Beginn: Mit einem Gebet machen wir uns bewusst, dass Jesus in unserer Mitte ist.

2. Lesen und Hören: Jemand liest einen Bibeltext und nennt zuvor Buch, Kapitel und Verse.

3. Sehen: Jeder denkt in der Stille über den Text nach und nimmt dazu seine fünf Finger zur Hilfe:

DAUMEN:
Was spricht mich an diesem Text an? Was gefällt mir?

ZEIGEFINGER:
Worauf macht mich der Text aufmerksam?

MITTELFINGER:
Wo würde ich dem Text widersprechen?

RINGFINGER:
Worin sehe ich eine Zusage bzw. Stärkung Gottes?

KLEINER FINGER:
Was kommt in dem Text zu kurz?

4. Austauschen: Wir sprechen in Kleingruppen über den Text. Welcher Finger bzw. welche damit verbundene Aussage berühren mich?

5. Mitteilen: Wir erzählen in der großen Gruppe von unseren Entdeckungen. Wir überlegen, was Gott uns sagen will und welche Aufgabe er uns stellt.

6. Beten: Wir beten miteinander und sagen Gott, was uns bewegt. Es kann auch ein einzelner Mann seine Gedanken oder die der Gruppe vor Gott bringen.

Textandacht: Wo Gott wohnt

von Janning Hoenen

1. Begrüßung
2. Lied 074 Da wohnt ein Sehnen („Kommt, atmet auf" - Liederheft für die Gemeinde)
3. Bibellesung erster Teil, aus Genesis 28,10-15 in der Übersetzung von Buber/Rosenzweig:

► Jaakob zog aus von Beerscheba und ging auf Charan zu und geriet an jenen Ort. Er musste dort nächtigen, denn die Sonne war eingegangen. Er nahm einen von den Steinen des Orts und richtete ihn für sein Haupt und legte sich hin am selben Ort.

Und ihm träumte: Da, eine Leiter gestellt auf die Erde, ihr Haupt an den Himmel rührend, und da, Boten Gottes steigen auf, schreiten nieder an ihr. Und da stand ER über ihm und sprach: ICH bins, der Gott deines Vaters Abraham und der Gott Jizchaks.

Das Erdland, auf dem du liegst, dir gebe ich es und deinem Samen. Dein Same wird sein wie der Staub der Erde. Ausbrechen wirst du westwärts, ostwärts, nordwärts, südwärts. Segnen werden sich mit dir alle Sippen des Bodens und mit deinem Samen. Ich bin da bei dir, ich will dich hüten, wohin du auch gehst, und ich will dich heimkehren lassen zu diesem Boden, ja, ich verlasse dich nicht, bis ich getan habe, was ich zu dir geredet habe.

Jaakob erwachte aus seinem Schlaf und sprach: So denn, ER war an diesem Ort und ich wusste es nicht! Er erschauerte und sprach: Wie schauerlich ist dieser Ort!

Und er legte sich abermals hin an jenem Ort, und ihm träumte wiederum: Und er sah einen Park im goldenen Herbst, Frauen und Männer und Kinder, die an der Sonne sich freuten.

Und Jaakob freute sich und dachte: Was für ein wunderbarer Ort. Da, ein Bote Gottes stand vor ihm und sagte: Hab Acht. Ich will dir zeigen diesen Ort. Und der Bote Gottes nahm Jaakob bei der Hand und zeigte ihm den Ort.

4. Gedanken im Traum

Da:
ein altes Ehepaar
mit faltigen Gesichtern schon
und weißem Haar
rot von der frischen Luft und
heller Sonne
mit einem Lächeln
auf den Lippen
gehen sie verliebt
ihre Hand fest in der seinen
über die Wiese
im Grünen

Da:
ein Mann, die Flasche
Rotwein in der rechten,
und in der linken Hand
das Hemd,
freudig der Sonne
zugewandt
die endlich seine tätowierte
Brust bescheint
und Wärme gibt,
die sonst nur fehlt
Wärme und Trockenheit
und Dämmer sanft
und dumpf

Da:
eine Mutter, hinter
ihrem Kinde laufend,
das zum ersten Mal
Fahrrad fährt
noch merkt das Mädchen nicht
dass ihre Mutter losgelassen hat
dass selbst sie fährt ganz ohne Halt
frei und gesund

Da:
eine Frau auf einer Bank
sehr stark geschminkt,
das Haar ist schief
die Kleidung bunt
die Wimperntusche hat die
Wangen voll getropft
ihr Mann ist fort „mit dir
nicht länger“, rief er
schlug erst sie und dann die
Türe zu und fehlt seitdem
trotzdem so sehr

Da:
ein junges Paar
er, sprachlos doch
nach Worten suchend
die große Änderung zu erklären
von der er selbst nicht weiß.
warum sie, große Tränen
Fragezeichen um
sich werfend
warum nur kann es nicht
wie früher sein
was hab ich denn
nur falsch gemacht
er sprachlos
die Verwirrung und die Trauer
nicht ins Wort zu bringen

Da:
zwei Männer, dreißig Jahre
sie gehen Arm in Arm
und sehen von Zeit zu Zeit
sich wissend an
sie kümmern sich nicht
um die Blicke
derer die sich umdrehen
ihretwegen,
wer könnte ihnen streitig
machen,
dass sie lieben?

Da:
das Kind, das seine kleine
Schwester im Kinderwagen
schob und leider etwas schnell
ward
und vom großen Weg abkam
und das Schwesterlein
mit großem Schwung
vornüber in den Graben setzte
und jetzt vom Vater liebevoll
getröstet wird,
während
das kleine Schwesterlein
das gleiche von der Mutter auch
bekommt

Da:
der junge Mann, der mit dem
Rollstuhl unterwegs ist
der weiß, dass es
das letzte Mal sein wird,
dass er die Sonne sieht,
da seine Krankheit,
die in ihm wütet, zu stark
und zu erfolgreich ist.
Er dreht sich um
und blickt den,
der ihn schiebt,
müde, aber dankbar an.

Da:
die beiden alten Damen
die Kleider zwar nicht
lupenrein
die Männer zwar
schon lange tot
die Rente zwar nicht allzu dick
aber die Welt voll Abenteuern
die Strickanleitung und die
Schwarzwaldklinik
und die sieben Enkel
und die Kürbisernte
vor allem die gemeinsame
Wohnung
die sie sich geleistet haben
und sie blicken sich vergnügt an

Da:
die junge Frau, die ganz alleine
unterwegs ist,
die fröhlich oder traurig ist,
die klar den Blick erhoben hat,
erstaunt und vorsichtig die Welt
betrachtet
durch sie hindurch geht,
ohne eine Spur zu hinterlassen

5. Bibellektüre Genesis 28,16-22

► Jaakob erwachte aus seinem Schlaf und sprach: So denn, ER ist an diesem Ort, und ich, ich wusste es nicht! Und er erschauerte und sprach: Wie schauerlich ist dieser Ort! Dies ist kein andres als ein Haus Gottes, und dies ist das Tor des Himmels.

Frühmorgens machte sich Jaakob auf, er nahm den Stein, den er für sein Haupt gerichtet hatte, und errichtete ihn als Standmal und schüttete Öl ihm aufs Haupt. Er rief den Namen jenes Orts Bet-El, Haus der Gottheit - früher jedoch war der Name der Stadt Lus. Jaakob gelobte ein Gelübde, sprechend: Wird Gott da sein bei mir und mich behüten auf diesem Weg, den ich nun gehe, und mir Brot geben zum Essen, Gewand zur Bekleidung, und kehre in Frieden ich heim zum Haus meines Vaters: soll ER mir Gott sein, und dieser Stein, den ich als Standmal errichtete, soll ein Haus Gottes werden.

6. Lied 091 Wenn das Brot, das wir teilen, als Rose blüht

7. Segen und Verabschiedung

Du unser Gott, mache uns offen für dich ... (siehe Bausteine auf Seite 71)

Taizé-Andacht: Gott loben

von Günter Kusch

Eine Taizé-Andacht dauert etwa 30 bis 45 Minuten. Die einfachen, berührenden Gesänge werden mehrmals gesungen, schaffen eine meditative Atmosphäre und führen so in die Stille hinein. Meditatives Singen macht bereit, auf Gott und sein Wort zu hören.

Gesang

Den gemeinsamen Gebeten und Liedern können sich Gespräche in kleinen Gruppen, Angebote der Stille oder ein Friedensmahl anschließen. Viele Taizélieder gibt es auf www.taize.fr/de.

Foto: Kusch

Stille

Es ist schon Gebet, wenn wir fünf bis sechs Minuten in Gottes Gegenwart verweilen, um seinen Heiligen Geist zu empfangen.

Psalm

Lobt Gott in seinem Heiligtum,
lobt ihn in seiner Macht
und Herrlichkeit!
Lobt ihn für seine großen Taten,
lobt ihn in seiner gewaltigen Größe!
Lobt ihn mit dem Schall der Hörner,
lobt ihn mit Harfe und Zither!
Lobt ihn mit Pauken und Reigen,
lobt ihn mit Flöten und Saitenspiel!
Lobt ihn mit hellen Zimbeln,
lobt ihn mit klingenden Zimbeln!
Alles, was atmet und lebt,
lobe allezeit den Herrn!

Himmlischer Dialog.

Bibellesung

Ein Wort aus der Bibel oder die Tageslosung wird bedacht.

Gesang

Stille

Fürbitte oder Lobpreis

In den Fürbitten betet die Gemeinde für alle Menschen. Freude und Hoffnung, Trauer und Angst werden Gott anvertraut. Im Lobpreis wird die Zuwendung Gottes gefeiert. Ein „Herr, erbarme dich / Kyrie eleison" ist die Antwort der Gemeinde. Der Text wird abwechselnd gesprochen:

A: Herr Jesus, du Wort
des Lebens
B: Herr Jesus, du Licht
der Menschen

A: Herr Jesus, du Weg
zum Vater
B: Herr Jesus, Sohn
des lebendigen Gottes

A: Herr Jesus, du Herr
deiner Kirche
B: Herr Jesus, Hoffnung
der ganzen Erde

A: Kyrie eleison
B: Kyrie eleison

Gebetsbeispiel

► Jesus, du kommst und verkündest den Armen die gute Nachricht, wir preisen deinen heiligen Namen.
► Jesus, du offenbarst den Menschen die Freude der Vergebung.
► Jesus, du lässt Menschen Liebe erfahren, die sich von ihr ausgeschlossen halten.
► Jesus, du willst, dass dein Evangelium überall verkündet wird.
► Jesus, du stärkst die Hoffnung deiner Kirche.
► Jesus, du kommst und wohnst mitten unter uns.

Stille

Schlussgebet

Jesus Christus, lass uns in jedem Augenblick auf dich schauen. Wie oft vergessen wir, dass wir bewohnt sind von deinem Heiligen Geist, dass du in uns betest, dass du auf geheimnisvolle Weise mit jedem Menschen vereint bist. Dafür danken wir. Amen.

Gesang und Segen

Foto: Balcerowski

Beim Figuren-Festival 2013 in Erlangen wird das Thema „Sorglosigkeit“ in Szene gesetzt.

„Seid nicht bekümmert; denn die Freude am HERRN ist eure Stärke.“
(Nehemia 8,10)

Gott ist besorgt um den Menschen

von Sebastian Balcerowski

► Manchmal sind es kleine Dinge im Leben, die einen großen Raum der Sorge einnehmen: Werde ich meinen Anschlusszug erwischen? Ist die Zeitung morgen pünktlich im Briefkasten, auch wenn es regnet oder schneit? Der Philosoph Martin Heidegger spricht beim „Sein des Daseins" von „Sorge" im Sinne von „besorgt sein um das Sein".

Im Alten Testament findet sich ein Wort, das aufrüttelt: „Seid nicht bekümmert; denn die Freude am HERRN ist eure Stärke" (Nehemia 8,10). Der Ausspruch könnte auch von Jesus selbst stammen; hat er doch in seinem Herzstück, der Bergpredigt, darauf hingewiesen, sich nur für das Heute zu sorgen. Gott sei um die Menschen mindestens so besorgt wie um die Tiere, die genug zu fressen finden.

Aber es gibt ein Zweites: die Freude. Gerade dem evangelischen Glauben tut diese leibliche Erfahrung gut, weil er doch stark auf das Wort ausgerichtet ist. Freude – da bewegt sich etwas in mir. Da fühle ich, es ist richtig, was ich tue.

Ein Drittes ist die Folge der Freude: Stärke. Nach dem Motto „Mit meinem Gott kann ich über Mauern springen" (Psalm 18,30) spornt die Freude den Menschen zu Höchstleistungen an. Es ist ein gutes Gefühl, wenn jemand „Ja" zu mir sagt, auch wenn manche Menschen vielleicht „Nein" sagen. Ein Ja-Wort bestätigt mich - bedingungslos.

Bestätigung als Mittel gegen die Angst. Dietrich Bonhoeffer, evangelischer Theologe und Widerstandskämpfer, fügt hinzu: „Ich glaube, dass Gott uns in jeder Notlage so viel Widerstandskraft geben will, wie wir brauchen. Aber er gibt sie nicht im Voraus, damit wir uns nicht auf uns selbst, sondern allein auf ihn verlassen. In solchem Glauben müsste alle Angst der Zukunft überwunden sein." ◄

Beten heißt, das Leben hoffend in den Blick zu nehmen.

„Der Gott der Hoffnung aber erfülle euch mit aller Freude und Frieden im Glauben, dass ihr immer reicher werdet an Hoffnung durch die Kraft des Heiligen Geistes."

(Römerbrief 15,13)

Gesichter der Hoffnung

von Sebastian Balcerowski

▸ Hoffnung hat viele Gesichter: Etwas wiederbekommen, das man verloren hat. Etwas geht weiter, obwohl wir dachten, in eine Sackgasse geraten zu sein. Man bekommt etwas geschenkt, ohne es erwartet zu haben. In einer Notsituation ist ein Freund da, der mir mit Rat und Tat zur Seite steht oder an dessen Schulter ich mich lehnen und „ausheulen" kann.

Von dem Gott der Hoffnung weiß Paulus im Römerbrief zu erzählen: „Der Gott der Hoffnung aber erfülle euch mit aller Freude und Frieden im Glauben, dass ihr immer reicher werdet an Hoffnung durch die Kraft des Heiligen Geistes." (Römer 15,13).

Was Hoffnung konkret bedeutet, drückt sich im Gebet aus. Beten heißt, das Leben hoffend in den Blick zu nehmen. In der Stille und in der Andacht sehe ich die Welt mit Gottes Augen, weil Gott mich ansieht.

Wenn ich bete, dann ist Gott in und bei mir. Ich nehme meine Existenz ins Gebet und vertraue darauf, dass Gott Gutes entstehen lässt. Ganz im Sinne Jesu: „Dein Wille geschehe!"

Was haben wohl die Urchristen gehofft, die Paulus in seinen Briefen angeschrieben hat? Dass Jesus wiederkommt? Dass sie endlich ihren Glauben leben dürfen, ohne die Angst, weiter von der römischen Staatsmacht verfolgt zu werden?

Nicht alle Hoffnungen der Urchristen haben sich erfüllt und stehen noch aus. Auf die Werte, die Paulus nennt, darf aber auch heute noch hin-gehofft werden: Weltfrieden, Gerechtigkeit und Erhaltung der Schöpfung.

Wie diese Werte verwirklicht werden? Der Korintherbrief nennt zwei Brüder der Hoffnung: Glaube und Liebe, wobei die Liebe die größte der Geschwister sei. Liebe ist eine Haltung, die uns in Bewegung setzt, hin zum Nächsten. Geschieht unsere Hin- und Zuwendung aus Liebe, schenkt sie dem Anderen neue Hoffnung. ◂

Foto: Balcerowski

Eine Fahrradgruppe in Kalchreuth bei Nürnberg: Pausen sind ein Segen.

„Und Gott segnete den siebenten Tag und heiligte ihn, weil er an ihm ruhte …“

(1. Mose 2,3)

Eine Pause tut gut

von Gerhard Beck

▸ Endlich Pause. Luft schnappen. Ein- und ausatmen. Zur Ruhe kommen. Abstand gewinnen. Pause ist Zeit, um etwas Anderes zu machen, um sich abzulenken, sich etwas zu gönnen: Ein kleines Mittagsschläfchen. Ein gutes Buch. Einen Saunabesuch. Pausen sind wichtig. So paradox es klingt: Nur wer aufhört zu lernen, kann weiterlernen. Inzwischen hat die Wissenschaft sogar die besten Zeiten für Lernpausen erforscht: Nach zehn Minuten soll man eine Minute Pause einlegen, nach 30 Minuten fünf Minuten, usw.

Als Nachhilfelehrer kann man ähnliche Erfahrungen gemacht: Oft lernen Schüler lang und viel, um sich zu verbessern. Sie verzichten auf Pausen, arbeiten lange Zeit durch. Am Anfang geht das, doch nach einer Weile werden sie schlechter statt besser. Und dann bekommen sie eine besondere Hausaufgabe: Einen ganzen Tag nichts tun. Entspannen.

Doch nicht nur beim Lernen braucht man Pausen … Wie würde man einen Arbeitstag im Büro oder in der Fabrik ohne Pause durchhalten? Pausen sind so wichtig, dass sie sogar im Arbeitszeitgesetz geregelt wurden: Nach höchstens sechs Stunden muss eine Pause gewährt werden. Und dann gibt es ja noch das freie Wochenende.

Je langfristiger und je wichtiger ein Projekt ist, um so mehr Pausen braucht man: Als Theologiestudent hätte man seine Examenszeit von über 18 Monaten Lernzeit ohne zahlreiche Pausen nie durchgehalten. Doch viele Pausen werden nur mit einem schlechten Gewissen angetreten.

Der Gedanke „aber ich müsste doch noch“ ist häufig im Hinterkopf. Es tut gut, dass in der Bibel zahlreiche Pausen vorkommen. Die prominenteste findet sich gleich nach dem ersten Kapitel des ersten Buches: „Und Gott segnete den siebenten Tag und heiligte ihn, weil er an ihm ruhte von allen seinen Werken, die Gott geschaffen und gemacht hatte.“ (1. Mose 2,3) ◂

Umkehr ist Wende-Zeit: erneute Hinwendung zu Gott.

„Kehrt um! Das Himmelreich ist nahe“,

(Matthäus 3,2)

Himmlische Kehrtwende

von Sebastian Balcerowski

▸ Umkehren – das kann man auch wörtlich verstehen. Jemand möchte sich einen Schoko-Riegel kaufen. Er ist schon auf dem Weg zum Süßigkeiten-Automaten, da stoppt er und geht wieder zurück, weil er das Geld nicht ausgeben möchte.

Auch Umkehr im biblischen Sinne hat ihre Schokoladenseiten. Sicher, einerseits bedeutet Umkehr, sich von manchen Verlockungen oder Versuchungen zu verabschieden. Andererseits bedeutet diese heilsame Kehrtwende, sich Gott erneut zuzuwenden. Schaut man ins Alte Testament, findet man zum Beispiel viele Propheten, die das Volk Israel immer wieder zur Umkehr riefen und auf Gott ein-spurten.

„Kehrt um! Das Himmelreich ist nahe", heißt es im Matthäus-Evangelium (3,2). Matthäus fügt an dieser Stelle noch einen wichtigen Satz hinzu, warum Menschen umkehren sollen: Weil das Himmelreich nahe ist.

An Weihnachten verkörpert Jesus den Grund, innezuhalten und umzukehren. In ihm kommt den Menschen das Himmelreich ganz nahe. Klein und unscheinbar liegt der himmlische Reichtum in einer irdischen Krippe. Ein ungewöhnlicher Ort: In einem Stall, abseits von Glitzer und Glamour, öffnet sich den Menschen der Himmel. Das heißt, dass Gott auch an ungemütlichen Orten zu Hause ist. Manchmal braucht es einen zweiten Blick, um diese Orte zu entdecken.

Der Advent ist die Zeit, die wir Gott widmen können. Advent ist die Zeit hoffnungsvollen Wartens auf die Ankunft des Herrn. Im Gebet, in den Taten für andere und auch in der bewussten Zeit für uns selbst können wir das spüren. Das ist dann ein Schritt eines neuen Weges, der uns nicht zurückwirft.

Umkehr eröffnet manch unerwartete Weggabelung, die uns Schritte gehen lässt zu einem neuen Leben. Die Schriftstellerin George Eliot sagte das so: „Es ist nie zu spät, das zu werden, was man hätte sein können." ◂

Durch das Musberger Weihnachtsfenster blickt man in den Stall von Bethlehem hinein.

„Siehe, ich verkündige euch große Freude, denn euch ist heute der Heiland geboren, welcher ist Christus."

(Lukas 2,8f.)

Liebe ist einleuchtend

von Markus Pöllinger

► „Ein Licht scheint in der Finsternis. Denn es ist ein Kind geboren. Maria gebar ihren ersten Sohn, wickelte ihn in Windeln und legte ihn in eine Krippe, sein Name heißt: Jesus ." (aus Lukas 2)

Das ist die Weihnachtsgeschichte – die Liebe Gottes ist wie ein Licht in der Finsternis, sie will in unsere dunkle Welt hineinleuchten in dem Kind in der Krippe und uns Mut und Hoffnung geben für unser Leben. Welch eine Nachricht – sie will uns immer und immer wieder erreichen – die Adventszeit lädt dazu ein, zur Ruhe zu kommen.

Eigentlich sehnen wir uns auch danach: Wir fragen so oft nach dem eigentlichen Sinn unseres Lebens und doch beschäftigen wir uns allzu gern mit den „Nebensächlichkeiten" und machen sie zur „Hauptsache". Ist nicht der tiefste Sinn von Weihnachten, dass wir es in unser Herz und Leben aufnehmen und begreifen: Der große Gott kam als kleines Kind zu uns in unsere Welt. Gott wurde Mensch, damit wir ewiges Leben haben. Maria gebar ihren ersten Sohn, legte ihn in eine Futterkrippe. Von dieser Krippe geht das Licht aus. Es ist die Mensch gewordene Liebe Gottes. Und dieses Licht will und darf leuchten in unseren Alltag, in unsere Familien, in unsere Ortschaften, in unsere Welt.

Wir dürfen aber auch diese Liebe weitergeben. Sie ist ein kostbares Geschenk. Liebe will leuchten – wie ein Licht in der Finsternis oder wie ein leuchtender Stern im Neuen Jahr.

John Henry Newman, ein englischer Theologe, schreibt es so: „Christus kam nicht, um die Welt in einen Himmel zu verwandeln – er kam, um den Himmel auf die Erde zu bringen." Dieses kleine Stück Himmel in uns macht uns fähig, andere ein wenig glücklicher zu machen. Ob es uns gelingt, liegt an jedem Einzelnen selbst. Wir sollten es ausprobieren. Gesegnete Weihnachten! ◄

Manch Vater kennt ihn: den magischen Moment des Lächelns beim Wickeln eines Kindes.

„Sie gebar ihren Sohn und wickelte ihn in Windeln und legte ihn in eine Krippe."
(Lukas 2,7)

Windel-Größen

von Gerhard Beck

► Das erste Mal hatte ich vor gut drei Jahren mit Windeln zu tun. Vor mir lag ein kleines, hilfloses Wesen, und die Hebamme sagte: „Na, dann wickeln Sie mal!“ Ich weiß noch genau, dass das eine gewisse Überwindung kostete, denn vollgepinkelte Windeln sind eine Herausforderung für die Nase. Noch schlimmer wurde diese Herausforderung, nachdem die erste feste Nahrung zugeführt wurde.

Kinder wickeln ist eine sehr intime Sache. Man wickelt normalerweise nur Kinder, die man besser kennt. Und auch die Kleinen achten sehr genau darauf, von wem sie sich die Windeln wechseln lassen.

Für mich wurde das Windelnwechseln immer mehr zu einem Moment tiefer Zuneigung: Wir hatten mit unserer Tochter in den ersten Monaten anstrengende Zeiten, aber frisch gewickelt schaute sie einem tief in die Augen und lächelte. Dieses Lächeln wog viel auf.

Die weltweit bekannteste Windel-Geschichte wird von Jesus erzählt: „Sie gebar ihren Sohn und wickelte ihn in Windeln und legte ihn in eine Krippe.“ (Lukas 2,7). Seitdem ich meine Tochter habe, stelle ich mir vor, wie Maria und Josef Jesus wickeln, ihn anlachen und er ihre Zuneigung und Aufmerksamkeit genießt und aus vollem Herzen zurücklacht. Ich mag dieses Bild, denn oft ist Jesus für mich weit weg. Er ist ein großes Vorbild im Leben, einer der irgendwie Wunder vollbringen konnte und Gott sehr nahe ist. Das kleine Jesus-Baby in seinen Windeln, das zeigt mir immer wieder, dass er auch ein ganz normaler Mensch war. Einer, der auch frische Windeln brauchte, wenn er stank. Meinem Jesus-Bild tut das gut.

Übrigens: Nach drei Jahren bin ich zum Wickel-Experten aufgestiegen: Mit zwei Töchtern kann ich verschiedene Windelgrößen unterscheiden, die diversen Gestänke aushalten und auch strampelnde Kinder wickeln. Die magischen Momente des Lächelns mit einer frischen Windel liebe ich aber immer noch. ◄

Krypta Kloster Plankstetten 2012.

„Verschlungen ist der Tod vom Sieg.
Tod, wo ist dein Stachel? (…)
Gott aber sei Dank,
der uns den Sieg geschenkt hat
durch Jesus Christus, unseren Herrn."
(Erster Korintherbrief 15, 54ff.)

Frühjahrsputz der Seele

von Christoph Thiele

► Ostern ist in der christlichen Tradition das erste große Fest gewesen; Weihnachten kam später dazu. Der Mensch soll sich dem Ursprungs-Gedanken nach von innen erneuern. Dazu sieben Wochen Vorbereitungszeit – für einen „Frühjahrsputz in der Seele". Nur mit dieser ausführlichen Vorbereitung erhält das Fest seinen Glanz. Passion und Ostern – zwei Seiten einer Medaille.

Auferstehung wird im Leben konkret, wenn wir *aufstehen* zu etwas Neuem. Das alltägliche Erleben legt im Laufe der Jahre Staub auf unsere Seele. Wer kennt nicht die Belastungen, die unser Leben „glanzlos" machen? Manchmal mögen es auch nur Kleinigkeiten sein, die sich aber in ihrer Vielzahl auswirken. Manchmal ist es das Gefühl, ohne jede Anerkennung viel Kraft zu lassen. Dann wird ein neuer Aufbruch nötig.

„Verschlungen ist der Tod vom Sieg. Tod, wo ist dein Sieg? Tod, wo ist dein Stachel? (…) Gott aber sei Dank, der uns den Sieg geschenkt hat durch Jesus Christus, unseren Herrn." (1. Korintherbrief 15,54ff.)

Die Auferstehungs-Bewegung Christi birgt das Kraftpotential für unseren persönlichen Aufbruch. Gott schenkt uns Energie zum „Entstauben" und zum Aufstehen. Neuer Glanz und neue Horizonte sollen unser Leben wandeln. Und das Ganze jedes Jahr mit weiteren Schritten, solange Gott will und wir leben. ◄

Gottesdienst für Motorradfahrer in Schwarzenborn.

„Es soll nicht durch Heer
oder Kraft geschehen,
sondern durch meinen Geist,
spricht der Herr Zebaoth."
(Sacharja 4,6)

Begeisternde Grenzerfahrung

von Christoph Thiele

► Pfingsten, das Fest des Heiligen Geistes: „Es soll nicht durch Heer oder Kraft geschehen, sondern durch meinen Geist, spricht der Herr Zebaoth." So steht es beim Propheten Sacharja (4,6).

Die unterschiedlichsten Menschen – und ein Geist. So kann man es auch heute noch erleben, zum Beispiel beim Treffen der Biker unterm Birkenkreuz. Es ist erstaunlich, wozu der Heilige Geist Menschen befähigt: in erster Linie zu einer gemeinsamen friedlichen Verständigung über alle Grenzen hinweg.

Diese Dimension des Friedens sollte nicht unterschätzt werden. Als Christen können wir Wesentliches beitragen, um den Frieden zu bewahren. Auch der friedliche Dialog mit anderen Religionen gehört dazu. Dazu zählt ebenso die Lebensqualität jedes einzelnen Menschen.

Wenn ich immer wieder zu einem neuen Anfang bereit bin und eine versöhnliche Haltung einnehme, wächst in mir eine Gelassenheit, durch die mir genügend Lebensenergie zuströmt. Jeder innere Unfrieden dagegen kostet seinen Preis: Kraft, die mir auf Dauer fehlt.

Es lohnt sich, den Heiligen Geist für meine Versöhnung zu erbitten, um neuen Frieden zu gewinnen. Das bleibt dann trotzdem ein gutes Stück innere Arbeit, aber sie wird mit Gottes Geist gelingen. Pfingsten erinnert uns an unsere Möglichkeiten, gut zu leben, die sich mit Hilfe des Heiligen Geistes vervielfachen. ◄

Steinen Wärme schenken

von Günter Kusch

Jeder nimmt einen Stein, im Hintergrund läuft meditative Musik.

► Vor Dir liegt ein Stein. Betrachte ihn und lass die Musik auf dich wirken. Versuche Dich nun, mit dem Stein anzufreunden. Nimm ihn in die Hand. Fühle seine Beschaffenheit. Taste ihn ab nach seinen glatten und angenehmen Seiten, aber auch nach seinen eckigen und kantigen Stellen.

Musik

Wenn wir den Stein mit unseren Händen umschließen, spüren wir, wie der Stein anfängt, warm zu werden. Mit der Zeit verliert der Stein seine ursprüngliche Kälte. Nur wenn ich den Stein anfasse und meine anfängliche Befremdung überwinde und für den Stein warm werde, dann nimmt er meine Wärme an, die ich ihm schenke.

Musik

Versuche, den Stein nicht nur zu ergreifen, sondern auch zu begreifen, mit jedem einzelnen Finger. Nur wenn ich ihn begreife, werde ich mich mit ihm anfreunden. Ich fühle über die kantige Fläche des Steins, die wehtun und verletzen kann. Ich denke dabei an meine eigene Empfindlichkeit, aber auch an mein Fingerspitzengefühl. Ich merke, wie meine Haut mich vor den Ecken und Kanten schützt.

Musik

Ich denke an meine eigenen Ecken und Kanten. Auch ich bin manchmal kalt und gefühllos, kantig und verletzend, obwohl ich es nicht sein möchte. Manchmal bin ich steinhart in meiner Gleichgültigkeit und lasse mich nicht zur Wärme für Andere erwärmen.

Musik

Heute am Buß- und Bettag wollen wir darüber nachdenken, welche Hindernis-Steine wir Anderen in den Weg legen. Wir wollen auch unsere glatten, freundlichen und anschmiegsamen Seiten entdecken. Nur wenn einer kommt und die Hand um uns legt, verwandelt sich unsere Kälte in Wärme. Nur wenn einer kommt, der uns berührt, wird die stumme Kälte sich auflösen und Steine werden reden. Nur wenn einer kommt und sich meiner annimmt, werde ich nicht mehr zum Steinerweichen zum Himmel schreien. Nur wenn einer kommt und mich anrührt, wird aus Steinen klares Wasser fließen und die Durstigen werden ihre Sehnsucht stillen.

In Psalm 91 heißt es: „Er hat seinen Engeln befohlen über dir, dass sie dich behüten auf all deinen Wegen und du deinen Fuß nicht an einen Stein stoßest." Für diese Nähe und diesen Begleitschutz Gottes wollen wir dankbar sein.

Musik

Wir hören einen Text aus dem Ersten Petrusbrief, Kapitel 2: „Legt also alle Bosheit ab, alle Falschheit und Heuchelei, allen Neid und alle Verleumdung. Verlangt, gleichsam als neugeborene Kinder, nach der unverfälschten, geistigen Milch, damit ihr durch sie heranwachst und das Heil erlangt. Denn ihr habt erfahren, wie gütig der Herr ist. Kommt zu ihm, dem lebendigen Stein, der von den Menschen verworfen, aber von Gott auserwählt und geehrt worden ist. Lasst euch als lebendige Steine zu einem geistlichen Haus aufbauen, zu einer heiligen Priesterschaft, um durch Jesus Christus geistige Opfer darzubringen, die Gott gefallen." ◂

Foto: Kusch

„Lasst euch als lebendige Steine zu einem geistlichen Haus aufbauen."

Ein Neubaugebiet der anderen Art: Nach dem Abriss wird ein neues Gebäude in der Erlanger Innenstadt aufgezogen.

„Wohin du auch gehst,
dahin gehe auch ich,
und wo du bleibst, da
bleibe auch ich.“
(Rut 1,16)

Aus Fremden werden Freunde

von Gerhard Beck

► Baulärm klingt durch das offene Fenster: Bagger sind am Werk. Das Neubaugebiet ist nicht weit weg, man kann es vom Fenster aus sehen. 30 Jahre lang war Ruhe, nun sind die Bagger wieder da. Einige berichten, dass sie die Neuen sind. Sie wohnen erst 30 Jahre hier. Eine Nachbarin erzählt oft: „Vor 40 Jahren, als ich hierher zog, da waren wir das letzte Haus vor dem Wald".

Mit dem Neubaugebiet kommen verschiedene Gedanken: Da geht Natur verloren, stattdessen kommt Infrastruktur. Mit neuen Bewohnern kommen neue Chancen, aber auch neue Anforderungen. Neubaugebiete lösen Ängste, Hoffnungen und Freude aus.

Das sind Gefühle, die genauso alt sind wie die Menschheit. Schon immer sind Menschen gewandert, haben sich woanders angesiedelt. Auch Abraham machte sich auf in ein neues Land. Die Bibel erzählt den Umzug im Buch Rut: Elimelech zog auf Grund einer Hungersnot von Bethlehem aus mit seiner Familie ins Land der Moabiter. Nach seinem Tod zieht es seine Frau Noomi zurück in ihr Heimatland, und ihre moabitische Schwiegertochter Rut, selbst Witwe, entschließt sich, in das fremde Land Israel umzuziehen.

Sie ist eine Fremde in Bethlehem und versucht neu anzufangen: Ohne Freunde oder Verwandte. Ja, sie ist in einem fremden Land so arm, dass sie Getreide-Reste aufheben muss. Doch Boas, der Besitzer, geht auf sie zu und heiratet sie.

Eine Geschichte mit Parallelen zu unserer Zeit: Auch zu uns ziehen Fremde ohne Freunde. Auch wir sind aufgerufen, auf Neuzugezogene zuzugehen. Denn sie bringen neue Ideen und Kraft in ein Stadtviertel. Sie haben Erfahrungen aus anderen Orten, von denen Alteingesessene oft profitieren können. Ja, der eine oder andere lernt unter den Neuzugezogenen vielleicht seine künftige Braut kenne. Übrigens: Rut erlangte noch einigen Ruhm: Sie, die „Neue", wurde zur Ahnin des großen israelitischen Königs David. ◄

Foto: Thiele

Auch Orte wie Venedig laden dazu ein,
neue Kraft zu schöpfen.

„Du stellst meine Füße
auf weiten Raum."
(Psalm 31,9)

Augen-Blicke der Freiheit

von Christoph Thiele

► Es gibt Orte, die eine besondere Anziehungskraft ausüben: Die Stadt Venedig gehört zu ihnen. Der Blick vom Campanile oberhalb der Piazza San Marco auf die Lagune und die benachbarte Insel San Giorgio Maggiore zeigt ein faszinierendes Panorama, das die Seele frei atmen lässt.

Schon immer haben Menschen Orte wie Venedig aufgesucht, von denen aus sich der Blick weitet. Nicht nur, weil sie schön anzusehen sind. Im wahrsten Sinne des Wortes möchte man eine neue Sichtweise bekommen. Denn wir leben von Perspektiven, besonders von denen, die uns Hoffnung für die Zukunft geben. Elendsbilder haben wir genügend vor Augen, vorgestellt von den Nachrichten, die uns weltweit Schreckensereignisse im Detail schildern …

Die offene und weite Sicht erinnert an die Erfahrung des Psalmbeters: „Du stellst meine Füße auf weiten Raum." (Psalm 31,9) Wer sich vertrauensvoll an Gott wendet, sieht vor dem inneren Auge, wie sich ein Raum öffnet. Wir haben es zu tun mit einem Gott, der uns Freiheit schenkt. Mit Freude lässt sie nach vorne schauen. Wenn aktuelle äußere Umstände eher etwas Finsteres ausstrahlen, wird diese Glaubenserfahrung wichtig.

Vielleicht sind es berufliche oder private Schwierigkeiten, die unsere Kraft aufzehren. Vielleicht ist es eine gewisse Erschöpfung nach einer anstrengenden Arbeitsperiode. Unsere Seele braucht freie Blicke zum Atmen, damit wir uns erholen, und neue Kraft schöpfen, die uns wieder aufrichtet.

Dann kann es ein befreiendes Erlebnis sein, hinauszugehen, vielleicht irgendwo hinaufzusteigen und sich eine neue Sicht zu holen. Verbunden mit einer Zeit der Einkehr, einem Dank an den Schöpfer, einer Bitte, dass ER sich der bedrängenden Lage annehmen möge, wird daraus unter Umständen ein neuer Anfang. ◄

Der ehemalige Erzbischof von Canterbury, Rowan Williams, ist überzeugt: Religion deutet auf eine tiefere Wirklichkeits-Dimension hin.

„Siehe, das Reich Gottes ist mitten unter euch.“
(Lukas 17,21)

Gottes Reich ist nicht weltfremd

von Sebastian Balcerowski

► „Mein Reich ist nicht von dieser Welt." (Johannes 18,36), sagt Jesus dem römischen Statthalter Pilatus vor dem Beschluss seiner Kreuzigung. Diese Aussage wirft Fragen auf: Wo und was ist das Reich Gottes?

Gottes Reich ist sicherlich nicht auf einer Landkarte zu finden. Es ist vielmehr definiert als eine besondere Herrschaft Gottes über die Welt. Gottes Reich ist ein Versprechen: „Siehe, das Reich Gottes ist mitten unter euch", sichert der Evangelist Lukas (17, 21) zu.

Manchmal geht man in die Ferne und findet Gott, weil einem vertraute Dinge dort ganz besonders vorkommen. Vielleicht betet man in einer Fremdsprache, vielleicht singt man andere Lieder als die von Paul Gerhardt und Martin Luther. Vielleicht wird man sich bewusster, was man vor Gott trägt. Auch Menschen können dazu beitragen, Gottes Herrschaft in der Welt zu entdecken.

Rowan Williams, bis 2012 anglikanischer Erzbischof von Canterbury, wurde einmal gefragt, wie man als kritisch denkender Mensch trotzdem an Gott glauben könne. Williams gab zu bedenken, dass Religion nicht wissenschaftlich zu erklären sei. Vielmehr deute Religion auf eine tiefere Wirklichkeits-Dimension hin.

Auf die Hiobsgeschichte im Alten Testament verweisend, führte Williams aus, Gott habe den Menschen sogar so geschaffen, dass er Leiden und damit auch Zweifel tragen könne. In Williams Antwort wird deutlich, dass das Reich Gottes nicht weltfremd, aber größer ist als alle menschliche Vernunft. ◄

Foto: Thiele

Beim Challenge in Roth gehen Menschen an ihre Grenzen.

„Wisst ihr nicht,
dass die, die in der Kampfbahn laufen,
die laufen alle, aber einer empfängt
den Siegespreis?
Lauft so, dass ihr ihn erlangt!“
(Erster Korintherbrief 9,24)

Glaube heißt voller Einsatz

von Christoph Thiele

▸ Pralles Leben mit Freude am Sport. Der Challenge in Roth, eines der größten Triathlon-Ereignisse Europas, bringt das jedes Jahr neu hervor: 3,8 Kilometer Schwimmen, 180 Kilometer Radfahren, anschließend noch ein Marathon! – Oft wird diese Kombination auch von Staffeln ausgetragen.

Nicht nur „normale" Menschen gehen in Roth an den Start, sondern auch Menschen mit Behinderung. In dieser Mammut-Disziplin bringt jeder teilnehmende Athlet seinen Körper an die Grenzen des Leistbaren. Was für ein Geschenk Gottes, wer seine körperliche Leistung derart erfahren kann: Diese Lebensfreude steckt an.

Wir sind unglaubliche Geschöpfe. Manchmal vergessen wir es, dass Gesundheit nicht selbstverständlich ist. Dankbar sollten wir sein, wenn unser Körper uns gut leben lässt. Vom Sport können wir die Begeisterung für eine Sache lernen und den vollen Einsatz.

„Wisst ihr nicht, dass die, die in der Kampfbahn laufen, die laufen alle, aber einer empfängt den Siegespreis? Lauft so, dass ihr ihn erlangt!" (1. Korintherbrief 9,24). Der Apostel Paulus fordert uns auf, dass wir die Sache des Glaubens mit ganzem Einsatz unseres Lebens verfolgen. Das traut er uns ungeprüft zu. Wie wäre es, sich neu dafür gewinnen zu lassen? ◂

Gott misst nicht mit menschlichem Maß.

Mit welchem Maß ihr messt,
wird man euch wieder messen.“
(Markus 4,24).

Messfehler und Vermessenheiten

von Sebastian Balcerowski

► Wer vom Begriff des Messens hört, denkt an exakte Daten, zum Beispiel an 60 Kilogramm. Der Evangelist Markus überträgt das Messen auf das menschliche Miteinander: „Mit welchem Maß ihr messt, wird man euch wieder messen.“ (Markus 4, 24).

Es gibt Institutionen, die maßgeblich sind, um das Miteinander zu bemessen: So wie der Pfarrer predigt, erwartet man, dass er oder sie das eigene Leben führt. Ein Richter verhandelt über einen Mord: Er oder sie gewichtet die Fakten und legt dann das Strafmaß fest. Er oder sie misst, ob der Täter im Affekt oder aus niederen Beweggründen gemordet hat.

Messen bedeutet also, dass ich der Person Werte gegenüberstelle und dann urteile, inwieweit sich die Person und meine Werte decken.

Soweit zum Messen. Aber aus dem Messen folgt, dass wir mit diesem Maß auch gemessen werden. Doch ist unser Gott ein Richter, der Menschen als ungenügend verurteilt? Was bedeutet es, dass Gott über den Menschen richtet? In der Bibel finden wir beides: Gott nimmt uns an, aber er setzt auch das Gebot der Nächstenliebe.

Das Gebot der Nächstenliebe erweist sich in der Nachfolge; das Gleichnis vom Schuldknecht deutet darauf hin, dass Nachfolge nichts ist für Sonntagsredner. Nein, man soll aufs Ganze gehen. Daher auch der Nachsatz: „Wer wenig hat, dem wird noch das Wenige genommen“ (Matthäus 13,12).

Dass Gott uns bemisst, schenkt ein Stück Gelassenheit: Menschen können sich verschätzen, weil sie nur auf das Äußere schauen. Sie beurteilen den Wert des Anderen im Blick auf ihr Reden und ihre Lebensführung. Gott aber blickt ins Innere, in Herz und Seele. Er misst mit anderen Maßen und richtet unser Leben wieder zurecht. Mag es in der Physik und im menschlichen Miteinander Mess-Fehler, ja Vermessenheit geben, bei Gott gilt das nicht. ◄

Sinnvoll leben - ohne Gott?

von Volker Zuber

► Im Juni 2001 lautete der Leitartikel einer bekannten psychologischen Fachzeitschrift: „Sinnvoll leben: Geht das ohne Gott?“ Und im Untertitel war schon ein Teil der Antwort enthalten: „Das Comeback der Religionen“.

Manchmal werden wir Insider von außen auf etwas aufmerksam gemacht, so etwa in dem Sinn, dass wir den Wald vor lauter Bäumen nicht mehr erkennen und nach etwas Schatten jammern.

Die Sehnsucht nach religiösem Rückhalt ist eher größer geworden. Diese spirituelle Sehnsucht unterscheidet sich aber deutlich von einer Hinwendung zur „Mutter Kirche“. Viele empfinden diese nur noch als Knochengerüst ohne Fleisch und Blut, eher leblos anstatt lebendig.

Eigentlich schade! Denn dieses Empfinden entspricht nicht immer der Realität, sondern deutet eher auf eine distanzierte Unkenntnis der Lage hin. Hier müssen wir gemeinsam etwas tun. Gott hat für viele moderne Menschen kein Gesicht mehr. Und doch sehnen sie sich nach einer tragenden, Sinn schenkenden Geborgenheit, einem Ruhepol auf dem immer hektischer werdenden Rummelplatz unseres Lebens.

Das kann keine abstrakte Größe leisten. Dazu gehört ein Du. Dieses lässt sich in unserem traditionellen Glauben finden. Dass Glaubenstradition immer in das Jetzt der jeweiligen Zeit getragen werden muss, hat Jesus selber in seiner liebevoll kritischen Art bewiesen.

So sollte Spiritualität heute die mystischen Elemente der Religion vor die moralischen stellen, befreiend und nicht überfordernd wirken. Unsere Religion sollte weltbezogen und nicht weltentzogen sein.

Eigentlich müsste das seit dem bekannten Hinterhofstall-Ereignis zu Betlehem jeder wissen. Denn das war so mitten in der Welt, dass es die allermeisten übersahen und: Es war sehr weltbezogen und zugleich sehr mystisch. Gerade hier kann die Spiritualität, besonders unser christlicher

Glaube, verbindend und nicht spaltend gegenüber den unterschiedlichen Vorstellungen und Gegebenheiten in dieser unserer Welt wirken.

Und hier kann das Gefühl mit dem Verstand eine Partnerschaft eingehen. Evangelium heißt immer noch „frohe Botschaft". Und staunen können wir allemal darüber. Das war seit der ersten Minute so, diesem kleinen zarten Kinderschrei, hinter dem sich Gott versteckte. Ein unglaubliches Himmelsexperiment.

Und es ist so gut gelungen, dass wir gerade, über 2000 Jahre später, immer noch darüber nachdenken. Nicht nur hier und heute, sondern inzwischen längst in jedem Land auf dieser Erde.

Das kann wirklich nachdenklich machen und zugleich Lebenssinn aufblühen lassen – auch in den dunkelsten Ecken dieser Welt. Und auch in meinem kleinen persönlichen Mikrokosmos will dieses Licht ganz hell hineinscheinen. In dem anfangs erwähnten Artikel hieß es: „Auch moderne Menschen brauchen Hoffnung und Beistand." Viele wissen aber nicht mehr, wo sie danach suchen sollen. Dieses Problem erübrigt sich jetzt. ◂

Foto: R_K_B_by_Lupo / pixelio.de

Auch „moderne" Menschen brauchen Hoffnung, Beistand und ein Licht, das hell in ihrem Alltag leuchtet.

Männer sind keine schmerzfreien Indianer.

„Freuet euch mit den
sich Freuenden,
weinet mit den Weinenden."
(Römer 12,15)

Ein Indianer kennt keinen Schmerz – ein Mann schon!

von Wolfgang Oertel

► Es gibt Sprüche, die regen nur noch auf. „Ein Indianer kennt keinen Schmerz", „Was uns nicht umbringt, macht uns nur noch härter" oder „Zäh wie Leder, hart wie Krupp-Stahl".

Solche Macho-Sprüche, teilweise aus der Zeit des Dritten Reiches, sprechen die Seele vieler Männer nicht an. Ich als Mann habe Schmerzen, ich weine bei gefühlsbetonten, schönen Filmen, und meine Seele ist empfindlich und verletzlich.

Eine Mutter hat einem Sohn einmal verärgert die Tür zugeschlagen und dabei fast seine Hand eingequetscht. Sie dachte, dass er schuld war am Streit mit seiner jüngeren Schwester, was nicht stimmte.

Obwohl nichts körperlich Schmerzhaftes passierte, musste der Sohn weinen, weil er sich nicht nur ungerecht behandelt fühlte, sondern vor allem nicht geliebt. Seine Mutter meinte zwar nach dem Vorfall, es sei doch nichts passiert, aber das stimmte nicht. Es ist ein Stück Unschuld, Liebe und Vertrauen zerbrochen.

Wir Männer sind keine schmerzfreien Indianer, wir sind keine funktionierenden Roboter, keine emotionslosen Wesen, sondern Menschen mit Gefühlen, Sehnsüchten und Träumen. Ich darf krank sein. Ich darf schwach sein. Ich darf traurig sein. Jeder Schmerz tut weh. Jeder zerbrochene Traum enttäuscht und kostet Kraft. Jede nicht erwiderte Liebe lässt die Seele ein wenig sterben.

Der für mich wichtige Schritt ist, diesen Schmerz, diese Schwäche, diese Trauer zuzugeben und - wenn möglich - mit Gottes Hilfe anzunehmen. Ja, ich kenne Schmerz, ich kenne Enttäuschung, Krankheit und Tod. Und ich darf wissen: Ich bin damit nicht allein. Gott kennt meinen Schmerz auch, er kennt meine Krankheit, meine Enttäuschungen, mein Leid. Und er will das Beste für mich. Vielleicht kennt ja ein Indianer tatsächlich keinen Schmerz. Ein Mann kennt ihn schon. ◄

Jesus geht dem Leiden nicht aus dem Weg.

„Weise mir, Herr, deinen Weg;
ich will ihn gehen in Treue zu dir.“
(Psalm 86,11)

Sich den Anfechtungen stellen

von Sebastian Balcerowski

► Was ist der Unterschied zwischen Magie und religiösem Glauben? Magie verlässt sich nur auf den Menschen, der Superkräfte entwickeln will, während der Glaube auf Gott setzt. Unter dieser Schablone wird Psalm 86,11 in ein bestimmtes Licht gestellt: „Weise mir, Herr, deinen Weg; ich will ihn gehen in Treue zu dir."

Nach christlicher Auffassung kann sich der Mensch nicht selbst erlösen. Er tut gut daran, wenn er versucht, Gottes Willen zu ergründen, weil Gott Erlösung schenkt. Manchmal wird man feststellen, dass das, was man sich über Jahre gewünscht hat, etwas anderes ist als Gottes Wille: Lange wartet man auf ein Enkelkind oder man hofft, dass die eigenen Kinder wieder näher bei einem wohnen. Aber das Leben legt sich manchmal quer zu dem, was Menschen wünschen.

Woher weiß ich, was Gottes Weg ist? Die klassischen Antworten lauten: Gott teilt sich im Gebet, durch das Lesen der Bibel und in menschlichen Boten mit. Schwierig werden solche Antworten angesichts von Krankheit und Leid. Menschen fragen dann zu Recht, wieso Gott den Schmerz und die Aussichtslosigkeit zulässt. Nicht selten wenden sie sich nach einem Schicksalsschlag von Gott ab. Aber wendet sich auch Gott von den Menschen ab?

Nach christlicher Auffassung ist Jesus durch das Kreuz gerade im Leiden der Menschen anwesend. Er schaut am Leid und an den menschlichen „Kreuzigungen" nicht vorbei, sondern stellt sich diesen Anfechtungen des Daseins. Selbst Überlebende der Konzentrationslager hielten an dieser Vorstellung fest und fanden Kraft.

So wie in der Bibel Menschen Gott anklagen angesichts des Leids in der Welt, dürfen auch wir unseren Schmerz zum Ausdruck bringen. Aber so, dass wir Gott zugewendet bleiben. Eines Tages, vor oder nach dem Tod, werden wir den Weg Gottes verstehen und erleben, dass uns Gott auch in der Tiefe treu geblieben ist. ◄

Gott als Vater gewährt seinen „Kindern“ Freiheit und fängt sie immer wieder auf.

„Du solltest aber fröhlich und guten Mutes sein; denn dieser dein Bruder war tot und ist wieder lebendig geworden, er war verloren und ist wiedergefunden.“
(Lukas 15,32)

Kinder loslassen können

von Günter Kusch

► Väter und ihre Kinder, jeder kann zu diesem Thema wohl eine Menge Geschichten erzählen – auch Jesus im Lukas-Evangelium. In einem Gleichnis berichtet er von einem jungen Mann, der zu seinem Vater kommt und sein Erbe fordert. Mit dem Geld will der jüngere Sohn die weite Welt bereisen und sich selbst verwirklichen. Irgendwann kommt er mit leeren Händen zurück, weil sein Erbe aufgebraucht ist.

Und der Vater? Er schimpft nicht, sondern beschenkt den Reumütigen von Neuem: Erfreut bereitet er ihm ein Fest und nimmt ihn wieder bei sich auf. Nur der ältere Sohn ist aufgebracht: Aus der Ferne und voll Neid betrachtet er das Geschehen und ist empört.

Solche Geschichten gibt es auch heute: Der Sohn oder die Tochter wollen ein Auslandssemester machen. Der Nachwuchs hat „keinen Bock", den elterlichen Betrieb zu übernehmen: „Ich will meine Zukunft selbst in die Hand nehmen!" Viele Väter sind dann skeptisch, zweifeln am Erfolg ihrer Erziehung oder legen Kindern Hindernissteine in den Weg.

Klar, mit dem Vater im Gleichnis Jesu ist zuerst einmal Gott gemeint, der sich seinen Kindern mit Achtung zuwendet und ihnen Freiheit gewährt. Trotzdem enthält die Geschichte Leitbilder für eine fürsorgliche Vaterschaft. Die Kinder loslassen können, aber auch Fehler und Scheitern nicht zu verurteilen, fällt schwer. Doch solche Zu-Mutung ist nötig, damit aus Söhnen und Töchtern selbstbewusste und selbstbestimmte Wesen werden.

Dass der ältere Sohn dies zuerst nicht akzeptieren kann und neidisch auf den Bruder blickt, ist menschlich. Weil er dem Vater treu gedient hat, denkt er, ihm gebühre viel mehr Lohn und Anerkennung als dem Bruder.

Doch Jesus betont, dass Liebe nicht an Bedingungen geknüpft ist. Sie lässt Freiheiten zu, sucht nach dem Verlorenen und gewährt noch einmal die Chance, ganz neu anzufangen und aufzuleben. ◄

Wunder geschehen - mitunter auch beim Fußball.

„Herr, mein Gott,
groß sind deine Wunder
und deine Gedanken,
die du an uns beweist.“
(Psalm 40,5)

Wunder - eine runde Sache

von Markus Pöllinger

► Fußballweltmeisterschaft 1954 in Bern: Deutschland gewann bei der Fußballweltmeisterschaft den Pokal mit 3:2 gegen Ungarn. Fußball, ein Spiel, das auch heute Millionen von Menschen begeistert. Die Fernseher laufen heiß. Jung und Alt schauen gespannt auf das runde Leder, den Ball.

Alle zwei Jahre gibt es eine Europa- oder Weltmeisterschaft. Vielleicht hören Sie den Kommentar des Sportreporters Herbert Zimmermann: „Aus dem Hintergrund müsste Rahn schießen — Rahn schießt... Tor! Tor! Tor! Tor!" Oder haben Sie den Film „Das Wunder von Bern" gesehen? Eine Legende, gespielt und doch 1954 Wirklichkeit.

Wunder geschahen – geschehen immer wieder, nicht nur beim Fußball. Gott lässt uns Menschen immer und immer wieder Wunder erleben. Es wird kein Film darüber gedreht, kein Buch geschrieben. Das kann ein nahestehender Mensch sein, mit dem man ein Wunder erlebt, weil er eine schwere Krankheit überstand.

Oder gleicht es nicht einem Wunder, wenn ein guter Freund sich mit seiner Frau wieder versöhnt? Vieles, vieles mehr könnte man berichten. Christen glauben fest, dass bei jedem Wunder, salopp gesagt, Gott seine Hand im Spiel hat. Gott wendet sich uns zu, obwohl wir es oft nicht verdient haben. Das allein grenzt schon an ein Wunder.

Der Reformator Martin Luther sagte bereits vor 500 Jahren: Gottes Wort ist kein Lesewort, sondern ein Lebenswort. Je mehr wir dem Wort Gottes etwas zutrauen, desto mehr geschehen Wunder, auch in unserer Zeit. Denn Gottes Wort zu hören, das prägt unser Leben, und wir lernen wieder dem Leben zu trauen. So werden wir immer wieder Wunder erleben. Nicht nur im Fußball, sondern im ganz normalen Alltag. ◄

Ein Tipp des kleinen Prinzen: „Man sieht nur mit dem Herzen gut!“

„Ein Mensch sieht,
was vor Augen ist,
der Herr aber sieht das Herz an“
(1. Samuel 16,7)

Mit den Augen des Herzens sehen

von Markus Pöllinger

► Vielleicht kennen Sie das kleine Büchlein „Der kleine Prinz", geschrieben von Antoine de Saint-Exupéry. Er schreibt darin einen bewegenden Satz: „Man sieht nur mit dem Herzen gut. Das Wesentliche ist für die Augen unsichtbar."

Dieser Satz hat einen Gleichklang zu einem Wort aus dem Alten Testament: „Ein Mensch sieht, was vor Augen ist, der HERR aber sieht das Herz an" (1. Samuel 16,7).

Das Wort aus der Bibel kann dem Menschen sagen: Da ist EINER, der sieht mein Herz an, wie ich es mit Gott und meinen Nächsten meine. ER sieht mein Leben wie ein aufgeschlagenes Buch an – und ER wendet sich nicht von mir ab. Nein, ich erfahre, ER wendet sich mir zu. ER interessiert sich für mein Leben, dass es gelingen möge. Denn einen Menschen ansehen, gibt ihm Würde.

Der französisch-jüdische Philosoph Emanuel Levinas spricht sogar von dem Wert der Heiligkeit, sich nicht dem Antlitz des Nächsten zu entziehen. Vor dem Antlitz Gottes zu stehen, bedeutet, angesprochen zu werden. Der HERR sieht das Herz an, und dabei erfahre ich aus dem Wort Gottes, dass er mich liebt, so wie ich bin.

Sollten wir, seine Menschen, darum nicht auch lernen, unseren Mitmenschen aus dem Blickwinkel Gottes anzusehen? „Man sieht nur mit dem Herzen gut", das ist eine alte Erfahrung. Manchmal merkt man, wie sehr ich oftmals mit meinen Augen Anderes wahrnehme oder anfange zu beurteilen und zu verurteilen.

Das ist es ja gerade, was das Zusammenleben oft so schwer macht. Es käme doch einmal auf einen Versuch an – zu lernen, meinen Nächsten mit den Augen des Herzens zu sehen. Ihn anzunehmen aus Gottes Hand. Aus Dankbarkeit, weil ich liebend angesehen werde. Der gute Tipp des kleinen Prinzen hat großartige Folgen: Man sieht nur mit dem Herzen gut. Ja, das Wesentliche ist für die Augen unsichtbar – und wird es auch bleiben. ◄

Engel sind Begleiter und Boten Gottes, die Menschen Mut machen.

„Siehe, ich sende einen Engel vor dir her,
der dich behüte auf dem Wege
und dich bringe an den Ort,
den ich bereitet habe."
(2. Mose 23,20)

Engel als himmlische Mut-Macher

von Günter Kusch

► Weiblich, blond und atemberaubend schön sind sie, die Engel aus der Werbung. Mit echten Engeln haben sie nur wenig zu tun. Zumindest nicht mit den Engeln, von denen uns die Bibel an fast 300 Stellen berichtet. Engel sind Boten Gottes und wurden in den ersten Jahrhunderten der alten Kirche als bärtige Mannsbilder ohne Flügel dargestellt. Ein freundliches Image hatten sie nicht. Es war schließlich ein Engel mit dem Flammenschwert, der Adam und Eva für immer aus dem Paradies warf.

Das hat den Engeln und Mittlern zwischen Himmel und Erde aber nicht geschadet. Schutzengel sind nach wie vor ein beliebtes Bild, um auszudrücken: „Da habe ich noch einmal Glück gehabt."

In der Bibel überbringen Engel wichtige Botschaften im Auftrag Gottes. Sie sind dienstbare Geister. So ähnlich stellte man sich die Engel vor, als Zwischenwesen, die den Abstand zu Gott überbrücken. Die Bibel ist voller Geschichten, in denen Menschen Besuch von Fremden bekommen, die erst im Nachhinein als Boten Gottes erkannt werden. Engel kündigen zum Beispiel das Wunder an, dass Abraham und Sara trotz hohen Alters ein Kind bekommen werden.

Einer, der sich viel mit Engeln beschäftigt, ist Pater Anselm Grün. In seinem Inspirations-Buch „50 Engel für das Jahr" schreibt er: „Engel sind Beschützer in der Not, Boten einer anderen Wirklichkeit. Sie antworten auf unsere tiefe Sehnsucht nach einer Welt der Geborgenheit, der Leichtigkeit und der Schönheit. Sie sind Ausdruck der Hoffnung, dass unser Leben einen Sinn und ein Ziel hat."

Anselm Grün ist überzeugt, dass jeder Mensch einen Engel hat. Der Benediktiner-Pater ermutigt seine Leser, ihre Sinne zu schärfen, um diese göttlichen Kräfte, die in und an uns wirken, wahrzunehmen und anzunehmen. Menschen finden durch diese göttlichen Boten zu mehr Vertrauen und Mut, um ihre Aufgaben in der Welt besser zu bewältigen. Ja, Engel beflügeln! ◄

Vor Gott brauchen wir keine Rollen zu spielen.

„Herr, du erforschst mich und kennst mich.
Ich sitze oder stehe auf, so weißt du es,
du verstehst meine Gedanken von ferne.“
(Psalm 139,1.2)

Vor Gott darf ich ich selbst sein

von Volker Zuber

► In den ersten Wochen des Jahres beginnt wieder die Zeit, in der nicht nur in Faschingsvereinen alle möglichen Verkleidungen ausprobiert werden. Es macht Spaß, einmal in eine andere Rolle hineinzuschlüpfen und der Lebensfreude ungehemmt freien Lauf zu lassen.

Diese Rollenspiele tun der Seele gut. Aber das ganze Jahr ist ja nicht Faschingszeit – und trotzdem gibt es selbst dann oft „Rollenspiele", auch wenn wir das gar nicht mehr so recht wahrnehmen. Allerdings machen diese nicht immer Spaß.

Da versuchen wir in der Firma gut auszusehen. Nicht nur äußerlich, sondern auch mit unserer Stimmung und unserem Können, selbst wenn es innen drin zuweilen ganz anders aussieht: Unsicherheit macht uns Angst; eine bedrückte Stimmung belastet uns, so dass jedes Lächeln nach außen nur ein aufgesetztes ist.

Manchmal, wenn wir nach einem anstrengenden Tag nach Hause kommen, müssen wir uns Mühe geben, dass da nichts Belastendes auf unsere Umgebung abfärbt. Vielleicht kommt dann in unserem Inneren schon mal die Frage auf: Wer bin ich eigentlich wirklich bei den vielen Rollen, die uns das Leben manchmal aufbürdet. Im Büro, zu Hause, unter Freunden oder wenn ich mal ganz allein bin?

Unsere Seele hat viele Facetten. Und manchmal tut es gut, sie auch zuzulassen, um möglichst man selber zu sein und nicht immer nur der, den andere aus uns machen wollen oder von uns so erwarten.

Es ist schön zu wissen, dass es einen Ort gibt, wo ich absolut der sein darf, der ich bin. Dabei werde ich auch noch freundlich angeschaut. Dieser Ort ist vor Gott. Und mit ihm kann ich dann auch ab und zu ein Zwiegespräch, sozusagen über mich selber, halten. Das tut gut und klärt manches. Ein rollenfreies geliebtes Sein. Dass Ihnen das auch ab und zu gelingt, wünsche ich Ihnen gerade für die Zeit, in der die Narren eine große Freiheit haben. Denn manchmal dürfen wir selber ein Narr sein. ◄

Zu spät für liebevolle Gesten?

von Richard Riess

Mit freundlicher Genehmigung des Autors. Originaltext in Richard Riess (2007): „Die Rückkehr der Taube. Biblische Texte begleiten das Leben“ Göttingen: Vandenhoeck & Rupprecht

Lesung Lukas 23,50-56

► *Zu spät.* Zu spät für ein letztes Wort. Zu spät für eine liebevolle Geste. Was hätte man noch alles regeln können! Was hätte man noch alles klären müssen! Aber wenn der Sarg einmal hinuntergelassen und das Grab zugeschaufelt ist, dann ist es zu spät: für ein schlichtes Wort des Dankes oder für eine scheue Bitte um Entschuldigung. Manch einer geht dann vom Friedhof weg und nimmt sie in sein Leben mit zurück: das Bedauern, den Vorwurf, das schlechte Gewissen. Wenn wir an einem Grab stehen, tritt uns deutlich vor Augen, was wir uns im Grunde schuldig bleiben. Zu vieles bleibt ungesagt, zu vieles ungetan, zu vieles offen. Das ist ein bedrückendes Fazit im Leben von Menschen. Heute wie damals.

Zu spät ist es für den, der das alles eingefädelt hat und das dann wider seinen Willen solche Folgen hatte, zu spät für Judas. Er muss es wohl selbst geahnt haben. So konnte er nicht weiterleben – und ging hin und erhängte sich. Zu spät auch für die Jünger. Gerade da hatten sie ihn im Stich gelassen, als er sie am meisten gebraucht hätte. Und sie gingen hin und verbarrikadierten sich hinter Türen, um ihrer Trauer, dem Entsetzen und dem Schmerz nachzuhängen. Also auch immer wieder zu spät für eine Kirche, die hinter verschlossenen Türen verharrt und sich ihrer Enttäuschung, Angst und Wehmut hingibt.

Zu spät aber auch für jenen frommen Mann, dem unsere heimliche Sympathie gilt, für Joseph von Arimathia. Es liegt etwas in seinem Tun, das mich seltsam berührt. Wie er sich ohne Zögern und ohne viel Aufhebens aufmacht, um dem toten Herrn die letzte Ehre zu erweisen. Wie sehr hätte ich ihm gewünscht, noch zu Lebzeiten mit Jesus ins Gespräch gekommen zu sein! Zu spät auch für die Frauen, die ihrem Herrn gefolgt sind, um bei dem wichtigen Werk mitzuhelfen, ihren Herrn zur letzten Ruhe zu betten. Der Abend bricht herein. Der Sabbat steht bevor.

Aber was hilft das alles noch. Jesus ist tot. Gottes Sohn ist – wie auch Menschen und alle Menschenkinder, die der Tod ereilt – ins Grab gelegt. Wie bei den meisten von ihnen ist es kein Staatsbegräbnis gewesen. Eine Landestrauer ist nicht angeordnet worden. Kein Priester ist mitgegangen. Lieder wurden nicht gesungen. Nachrufe wurden nicht gehalten. Nur ein paar verschüchterte Leute standen da an seinem Grab. Da, wo man den Erlöser der Welt in den Gottesacker Erde gelegt hat. Auch wenn sie wollten - ihr Dank, ihr Wort, ihr Leben können ihn nicht mehr erreichen. Gottes Sohn ist tot. Sie müssen mit dem in ihr Leben zurückkehren, was ihre Augen gesehen, ihre Ohren gehört und ihre Hände gespürt haben.

Aber noch weiß niemand, dass es für Gott, den Gott des Lebens, kein „Zu spät“ gibt. Noch ahnt kein Blinder und kein Taubstummer, kein Todkranker und kein Schächer, dass Gott unser versäumtes, verpfuschtes und verworfenes Leben nicht verwerfen wird. Noch ahnt niemand, dass er einen dritten Tag heraufführt, an dem er den Stein von des Grabes Tür wälzen wird und an dem er den Engel verkündigen lässt: Was sucht ihr den Lebendigen bei den Toten?

An dem er selbst in die Friedlosigkeit und Finsternis hinein sagen wird: Fürchtet euch nicht! ◄

Foto: Balcerowski

Für Gott, den Gott des Lebens, gibt es kein „*Zu spät*“, auch nicht durch den Tod.

Die Welt ins Gebet nehmen

Textbausteine

► Lieber himmlischer Vater,
hilf mir in meiner Not. Tröste mich durch dein Wort. Erquicke mich in meiner Mattheit. Sei du bei mir, wenn Schmerzen kommen und ich mutlos werde. Gib mir neue Kraft und heile mich an Leib und Seele. Du bist mein guter Vater, dir vertraue ich mich an. Amen.

Wolfgang Oertel

► Gott,
du Schöpfer und Erhalter, wie lange dauert es manchmal, bis ich für andere warm werde. Gib du mir die Kraft, Wärme zu zeigen all denen, die mit mir zusammen leben und die mir auf meinem Lebensweg begegnen. Gib du uns die Fähigkeit, mit unseren eigenen Ecken und Kanten und mit denen der anderen richtig umzugehen. Zeige du uns heute Wege auf, mit denen wir unseren Nächsten nicht Steine in den Weg legen, sondern aufeinander zubauen und miteinander aufbauen. In deinen Händen sind unsere Steine, die unser Leben belasten, geborgen. Nimm unsere Steine der Schuld von uns und erlöse uns von allem Bösen. Amen.

Günter Kusch

► Barmherziger Gott,
du bist die Liebe und lässt dein Licht über uns aufgehen. Ohne deine Liebe könnten wir nicht leben, aber nicht immer erreichen uns deine Strahlen.

Wir beten für alle, die traurig sind, weil sie einen lieben Menschen verloren haben und sich hilflos fühlen: Sie mögen durch den Schmerz hindurch kommen wie durch eine dunkle Nacht, deine Liebe spüren und am Morgen neu beginnen.

Wir beten für alle, die mutlos sind, weil sie mit ihrem Leben nicht zurechtkommen und sich verloren fühlen: Sie mögen im Gewirr ihres Lebens das finden, was du längst an Gutem angelegt hast, den roten Faden deiner Liebe, der alles zusammenhält.

Wir beten für uns und alle Geschwister-Gemeinden und Kirchen: Beflügle uns mit deinem Wort, erfülle uns mit deinem Geist, dass wir einander verstehen und miteinander leben. Lass uns zusammen gute Frucht bringen. Amen.

Volker Zuber

► in deine hände
guter gott
legen wir
unseren dank
und unsere not
unsere angst
vor dem, was kommt
und das jubeln unserer seele
für die erfahrung
deiner nähe und gegenwart

dir
ans herz und in die hände
guter gott
legen wir unsere mutlosigkeit
und unsere aufbrüche
unser hadern mit gestern
und unsere furcht vor morgen

dich
bitten wir
um neue kraft
die sterbenden zu begleiten
die trauernden zu trösten
die ziellosen zu begleiten
mit den fertigen aufzubrechen
einzustehen für die würde
und das leben
aller deiner geschöpfe

dir
guter gott
danken wir
für deine gegenwart
überall
inmitten unseres lebens. amen.

Unbekannter Konfirmand

► Gott unser Vater, wir suchen nach Halt im Leben. Zeige uns, dass wir in dir letztlich den Halt haben, den wir brauchen. Darum rufen wir zu dir: Herr, erbarme dich.

Wir bitten dich für alle, die sich verrannt haben in ihrem Leben, dass sie zu dir zurückfinden, so wie der verlorene Sohn zum Vater zurückkehren konnte und Liebe empfing. Darum rufen wir zu dir: Herr, erbarme dich.

Wir bitten dich für alle, die nur ihre eigene Lebensposition kennen und andere auf ihre Seite ziehen wollen. Schenke du offene Ohren füreinander, und Herzen, die Gemeinschaft suchen.
Darum rufen wir zu dir: Herr, erbarme dich.

Wir bitten für alle, die in ihrem Leben deine Liebe und Zuwendung nicht erkennen können, weil sie Schweres zu tragen haben. Schenke ihnen Kraft und Geduld für ihren Weg, auf dass sie dich als liebenden Gott entdecken.
Darum rufen wir zu dir: Herr, erbarme dich.

Günter Kusch

► Gott, unser Vater,
wir bitten um deinen Geist,
der uns die Augen öffnen kann
zu sehen,
was vor sich geht in dieser Welt,
wie Menschen mit Menschen
umgehen.

Wir bitten um deinen Geist,
der uns erkennen lässt,
wo Unrecht geschieht,
wo Menschen anderen ihre
Lebenschancen nehmen.

Wir bitten um deinen Geist,
der uns Mut gibt,
die Dinge beim Namen zu nennen
und Unrecht aufzuzeigen.

Wir bitten um deinen Geist,
der uns die Kraft
zum Protestieren schenkt
und zum Einklagen
eines anderen Weges.

Wir bitten um deinen Geist,
der uns träumen lässt,
und deine Vision
von einer Welt,
in der Gerechtigkeit lebt,
in uns lebendig hält.

Wir bitten um deinen Geist,
der uns unermüdlich
nach Verbündeten suchen lässt,
damit wir uns mit ihnen
auf den Weg des Lebens begeben.

Wir bitten um deinen Geist,
der unsere Phantasie anregt,
damit wir zu veränderndem
Handeln kommen.

Wir bitten um deinen Geist,
der mit und durch uns
die Welt lebenswert und
gerecht für alle macht. Amen.

Günter Kusch

► Herr, setze dem Überfluss Grenzen und lass die Grenzen überflüssig werden.
Lass die Leute kein falsches Geld machen, aber auch das Geld keine falschen Leute.

Nimm den Ehefrauen das letzte Wort und erinnere die Ehemänner an ihr erstes.

Schenke unseren Freunden mehr Wahrheit und der Wahrheit mehr Freunde.

Bessere solche Beamten, Geschäfts- und Arbeitsleute, die wohl tätig, aber nicht wohltätig sind.

Gib den Regierenden ein besseres Deutsch und den Deutschen eine bessere Regierung.

Herr, sorge dafür, dass wir alle in den Himmel kommen, aber nicht sofort. Amen.

Altes Neujahrsgebet

► Christus hat keine Hände,
nur unsere Hände,
um seine Arbeit heute zu tun.
Er hat keine Füße,
nur unsere Füße,
um Menschen auf seinen Weg
zu führen.
Christus hat keine Lippen,
nur unser Lippen,
um Menschen von ihm
zu erzählen.
Er hat keine Hilfe, nur unser Hilfe,
um Menschen an seine Seite
zu bringen. Amen.

Gebet aus dem 4. Jahrhundert

► Du unser Gott,
mache uns offen für dich.
Lass uns wahrnehmen,
dass du uns das Leben
geschenkt hast.

Wir wollen uns
daran freuen, nicht in ego-
istischer Selbstgenügsamkeit,
sondern in der Bereitschaft,
es auch mit anderen zu teilen;
nicht nur an uns selber zu denken,
damit unser Glück
nicht ein kleinliches Glück sei,
damit es groß werde
und sich messen kann
mit unserem Wohlstand!
Beschütze uns vor unserem Hang
zur Hartherzigkeit.

Halte uns offen:
unsere Augen und unsere Ohren,
unser Herz und unsere Hände,
damit wir Freude und Leid
mit anderen teilen können.

So wollen wir
deine Gemeinde sein,
dein Volk, das du kennst,
das du dir geschaffen hast,
um ihm deine Liebe zu schenken.
Du unser Gott,
mach uns offen für dich. Amen.

Christoph Thiele

► Guter Gott,
segne unsere Stimme,
wenn wir sie für die Rechtlosen in der Welt erheben.

Segne unsere Worte,
wenn wir für Frieden
und Gerechtigkeit eintreten.
Segne unsere Gedanken, wenn wir
nach den richtigen Worten suchen.

Segne unsere Herzen,
wenn wir in der Ungerechtigkeit
der Welt von der Liebe
zu reden beginnen.

Segne uns, damit wir dir danken,
dich loben und preisen
und dich bitten können.
So segne uns der dreifaltige Gott,
der Vater, der Sohn und der Heilige
Geist. Amen.

Gebet aus dem 16. Jahrhundert

► Gott,
mach uns unruhig,
wenn wir selbstzufrieden sind.
Wenn wir uns im sicheren Hafen
und bereits am Ziel glauben,
wenn wir allzu dicht
am Ufer entlang segeln,
wenn wir uns damit abfinden,
dass unsere kleinen Träume
sich sicher erfüllen.

Gott,
mach uns unruhig,
wenn wir über die Fülle der Dinge,
die wir haben und wollen,
den Durst nach Wasser des Lebens
verloren haben,
wenn wir,
verliebt in unsere eigenen Pläne,
aufgehört haben,
auf deinen Willen zu horchen,
wenn wir über allen Anstrengungen,
die wir für unsere Zukunft investieren,
deine Vision vom neuen Himmel
und der neuen Erde übersehen.

Gott, rüttle uns auf,
damit wir kühner werden
und uns hinauswagen
auf das weite Meer,
wo uns die Stürme entgegenwehen
und wir ganz auf deinen Schutz vertrauen können,
wo wir mit schwindender Sicht
auf das Ufer
die Sterne aufleuchten sehen.

Gott lass uns neu beginnen
in deinem Namen,
der du die Horizonte unserer Hoffnung weit hinausgeschoben
und die Beherzten aufgefordert
hast, dir zu folgen.

Gott, lass die Liebe in uns
zu einem Feuer werden,
das uns ergreift,
das alle Feigheit verbrennt
und dich aufleuchten lässt,
der du das Licht bist
und die Liebe. Amen.

Volker Zuber

Segen bewirken

Textbausteine

► Gott, segne die Sonne
hoch über mir.

Gott, segne die Erde
unter meinem Schritt.

Gott, segne Frau und Kinder
und alle, die bei mir wohnen.
Ja, segne mich selbst,
du mein Gott.

Gott, segne alles,
worauf mein Blick ruht.

Gott, segne alles,
worauf meine Hoffnung baut.

Gott, segne meinen Verstand
und Willen.
Ja, du Gott des Lebens,
gib deinen Segen. Amen.

Irischer Segen

► Gott sei vor dir, heute
und morgen,
um dir den neuen Tag
zu öffnen.

Gott sei neben dir,
immer und ewig,
um wie ein guter Freund
dich zu lieben.

Gott sei hinter dir,
um dich zu stützen,
und du brauchst keine Angst
zu haben.

Gott sei unter dir, um dich
zu tragen,
wie eine gute starke Erde.

Gott sei in dir, in deinem Herzen,
um dich zu trösten,
wenn du allein bist.

Gott sei um dich herum,
um dich zu beschützen,
dass dir nichts geschehe.

Gott sei mit dir auf allen Wegen,
dass du nicht stolperst
und dir nicht wehtust.

Gott sei über dir,
um dich zu segnen,
weil er dich lieb hat
und immer da ist.

So segne uns der allmächtige Gott,
der Vater, der Sohn
und der Heilige Geist. Amen.

Altchristlicher Segenswunsch

► Höchster, allmächtiger,
guter Herr,
Dein ist das Lob, die Herrlichkeit
und Ehre und jeglicher Segen.
Dir allein, Höchster, gebühren sie,
und kein Mensch ist würdig,
dich zu nennen.

Gelobt seist du, mein Herr,
mit allen deinen Geschöpfen,
besonders
dem Herrn Bruder Sonne,
der uns den Tag schenkt und
durch den du uns leuchtest.
Und schön ist er und strahlend
mit großem Glanz:
von dir, Höchster, ein Sinnbild.

Gelobt seist du, mein Herr,
für Schwester Mond
und die Sterne,
am Himmel hast du sie geformt,
klar und kostbar und schön.

Gelobt seist du, mein Herr,
für Bruder Wind,
für Luft und Wolken,
heiteres und jegliches Wetter,
durch das du deine Geschöpfe
am Leben erhältst.

Gelobt seist du, mein Herr,
für Schwester Wasser,
sehr nützlich ist sie
und demütig und kostbar
und keusch.

Gelobt seist du, mein Herr,
für Bruder Feuer, durch den du
die Nacht erhellst.
Und schön ist er und fröhlich
und kraftvoll und stark.

Gelobt seist du, mein Herr,
für unsere Schwester Mutter Erde,
die uns erhält und lenkt
und vielfältige Früchte
hervorbringt,
mit bunten Blumen und Kräutern.

Gelobt seist du, mein Herr,
für jene, die verzeihen
um deiner Liebe willen
und Krankheit ertragen und Not.
Selig, die ausharren in Frieden,
denn du, Höchster,
wirst sie einst krönen.

Gelobt seist du, mein Herr,
für unsere Schwester,
den leiblichen Tod;
kein lebender Mensch
kann ihm entrinnen.
Wehe jenen,
die in tödlicher Sünde sterben.
Selig, die sich finden werden in dei-
nem heiligsten Willen,
denn der zweite Tod
wird ihnen kein Leid antun.

Lobet und preiset meinen Herrn
und dankt und dient ihm
mit großer Demut.

Franz von Assisi

► Ich will den Herren loben allezeit,
meine Stimme erheben,
freudig singen,
seinen Namen nennen,
seine Güte preisen
und seine Liebe loben.

Die Armen sollen es hören
und reich werden.
Die Elenden sollen es hören
und froh mit einstimmen.

Als ich den Herrn suchte,
erhörte er mich,
er befreite mich
aus meinen Ängsten,
ließ mich mit meinem Kummer
nicht allein,
verwandelte meinen Schmerz,
gab sicheren Boden meinen Füßen
und stellte mir seinen Engel
zur Seite.

Blickt auf ihn, so steht ihr im Licht,
eure Tränen werden trocknen,
Wärme erfüllt euer Herz,
Freude zieht ein,
die Dunkelheit weicht,
neues Leben beginnt.

Schmeckt und seht,
wie freundlich der Herr ist,
wohl denen, die auf ihn vertrauen.
Sie finden Schutz an Leib
und Seele,
selbst wenn sie viel Leid erfahren.

Unbekannter Konfirmand

► Die Morgenröte kleidet sich
in ihr Lichtgewand.
Sie will Ehre erweisen
dem Schöpfer der Menschen.
Der hohe Himmel
legt die Decke seiner Wolken
von sich.
Er beugt sich vor dem Schöpfer
der Menschen.

Die Sonne, die Königin
unter den Sternen,
breitet ihre Strahlen
aus wie goldenes Haar.

Der Wind, der über die Erde geht,
streichelt auf seinem Weg
die Wipfel der Bäume,
und wir hören ihn reden
in den Zweigen.

In den Bäumen singen die Vögel
und bringen ihr Lied dar
dem Herrn der Erde.

Die Blumen breiten ihre Farben aus
und ihren Duft.
Es ist herrlich, sie zu sehen.

So rühmt auch mein Herz dich,
meinen Vater,
bei jeder Morgenröte aufs neue,
du, mein Schöpfer.

Gebet aus Peru

Stichwortverzeichnis

Autoren

Sebastian Balcerowski
geboren 1986 in Fürth, Masterstudium Medien-Ethik-Religion an der Abteilung für Christliche Publizistik der Friedrich-Alexander-Universität Erlangen-Nürnberg.

Gerhard Beck
geboren 1980 in Regensburg, evangelischer Pfarrer in Neunburg vorm Wald.

Janning Hoenen
geboren 1970 in Nürnberg, evangelischer Pfarrer, Studienleiter des Collegium Oecumenicum in München.

Günter Kusch
geboren 1964 in Oberstaufen/Allgäu, evangelischer Pfarrer und Referent für Männerarbeit im Amt für Gemeindedienst Nürnberg.

Wolfgang Oertel
geboren 1967 in Kulmbach, evangelischer Pfarrer in Untersteinach.

Markus Pöllinger
geboren 1968 in Hof-Saale, evangelischer Pfarrer in Vach-St Matthäus Fürth.

Richard Riess,
geboren 1937 in Sennfeld/Schweinfurt, Emeritus für Praktische Theologie an der Augustana-Hochschule Neuendettelsau.

Christoph Thiele
geboren 1962 in Essen, evangelischer Pfarrer in Kalchreuth bei Nürnberg.

Volker Zuber
geboren 1951 in Rostock, evangelischer Pfarrer in Fürth-St. Michael.